JN026785

WHAT A FANTASTIC RIDE!

せんべい屋さんの娘から
アメリカの外交官になった私

FANTASTIC RIDE!

パーディ恵美子

幻冬舎MC

WHAT A FANTASTIC RIDE！

せんべい屋さんの娘からアメリカの外交官になった私

はじめに

　私の名前はパーディ恵美子。

　旧姓・宮坂恵美子。昭和26年（1951年）8月16日に、埼玉県川越市で生まれた。
　父親は米菓製造業、所謂お煎餅屋（宮坂米菓株式会社）を営み、母親は父の事業の手伝いをしていた。私がこの自伝を書こうと思ったのは、いつ認知症になってもおかしくない歳になった今、私の人生に起こった興味深い事柄を書き残しておきたいと思ったからだ。

　私は、小学校高学年の時に見た世界の様々な国を紹介するテレビ番組に刺激され、将来外交官になりたいと考えるようになった。
　高校時代の終わりに交換留学生として1年間アメリカに留学。その後日本に戻った私だが、イスラエルのキブツを紹介する本を読み、その生活スタイルに興味を持ったことをきっかけに、イスラエルのキブツでボランティアワーカーとして働くことになる。
　イスラエルから帰国する途中、スイス、イタリア、イギリス、

アイルランド、香港に立ち寄って旅行する。この頃、アメリカの大学に進学しようと決心し、その費用を貯める為に南アフリカ航空のフライトアテンダントとして働く。

　その後、ボストン大学に入学し、卒業後は首都ワシントンにある小さな翻訳・通訳会社に入社。そこで貿易交渉の通訳を務めたことを機に貿易交渉をする役人になることを決意し、メリーランド大学の大学院に入学する。そして大学院で修士号を得た後、アメリカ農務省の農業経済専門家としてキャリアをスタートした。

　その後、農務省の外交試験を受け合格。外交官になった私は、香港、東京、ワシントン（アメリカ）、大阪、マニラ（フィリピン）、リマ（ペルー）に滞在し2014年12月に退職した。

　退職後は、ヨーロッパや日本で長距離自転車旅行をしたり、趣味の麻雀やピアノ、ヨガを楽しんでいる。

第 1 章

生意気な小娘だった幼少時代

　私の幼少時代の記憶は途切れ途切れではあるが幾つかある。私が生まれたのは、小江戸と呼ばれる川越市の旧市街。当時は鍛冶町（現在の幸町）と呼ばれ、蔵造りの家々が建ち並ぶ町だ。その中の1軒が私の生家。家の正面は「花見せんべい」という看板を掲げたお店になっていて、ウナギの寝床と呼ばれるように奥深い家の奥は、小さな煎餅工場になっていた。私はその蔵造りの家の2階で生まれ、4歳になるまでそこに住んでいた。

　私の名付け親はなんと6歳年上の兄である。なんでも兄は、私が生まれた頃にお煎餅屋にアルバイトに来ていた若い女学生の恵美子さんという人が大好きで、「赤ちゃんは、恵美子じゃなければいやだ」と、言い張ったそうだ。まあ、母の名前が美

枝子だから恵の字は違うけれど、いいじゃない、ということになったと聞いている。因みに、この恵美子さんが数年前、宮坂米菓（株）の工場に隣接するお店にお煎餅を買いに来たらしく、80代のとても品の良いお婆さんだったそうだ。

　話を鍛冶町に戻す。鍛冶町の家の隣近所は殆ど商店で、おもちゃ屋のSちゃん、仏具店のKちゃん、キンカメ時計店のTちゃん、近長八百屋のMちゃん等、私と同年代の子供たちが沢山いた。家の商売が忙しかったせいか、母は子守の叔母さんを雇い、私は昼間はラタンで作られた乳母車に乗せられ、子守の叔母さんに連れられて家のはす向かいにある法善寺の庭で遊んでいたのをなんとなく覚えている。しかし３歳になった時、私はこの子守の叔母さんに、「恵美子は、大きくなって一人で遊べるから叔母さんはもう来なくていいよ」と、叔母さんを解雇してしまったそうだ。この事態は、私の記憶にはなく母から聞いたのだが、この頃から私は、しっかりしているといえば聞こえが良いが、かなり生意気な小娘だったようだ。その後も、６歳年上の兄が子供たちの遊び場だった法善寺から近所の友達にいじめられて泣きながら家に戻ってきた時は、「家の兄ちゃんをいじめたのは誰だ！」と、どなりに行ったそうだ。

　こんな話もある。ある日、私は父に連れられてダットサン

（日産自動車が発売していたブランド）のミニトラックに乗って
お煎餅の配達に行った。父はお得意さんの店の近くに車を停め
て、直ぐ戻って来るからおとなしく待っているようにと言って
行ってしまった。どのくらいの時が過ぎたか分からないが、4
歳の子供にしてみれば永遠に感じられたのだろう。私は車の中
で大声を上げて泣き出した。すると通りがかりの叔母さん達が、
車の周りに集まって来て私に話しかけてきた。誘拐された子供
とでも思ったのだろうか。私は叔母さん達に向かって、「私の
名前は宮坂恵美子。宮坂隆二郎の長女で、住所は、埼玉県川

越市鍛冶町906の4です」と
言ったそうだ。叔母さん達は、
随分しっかりした子だと感心
して、私に飴玉をくれた。

　そんなところに戻ってきた
父は、車の周りに人だかりが
できているのでびっくりした
そうだ。

　私が5歳の時、父は煎餅工
場を拡大する為、川越市の郊
外の今成（現在の月吉町）と
いう田舎に引っ越した。この
時、店の名前も「花見せんべ

川越秋祭りでは兄（左）と私は鍛冶町の山車、
従兄弟の薫ちゃんは志多町の山車を引いて山
車のお囃子の競争を楽しんだ（競争に勝った
山車のみ前進できるルールだった）

今成に移った当初の宮坂米
菓。乾燥機は無くお煎餅の
生地は天日干しだった

い」から「宮坂米菓株式会社」に変わった。今成は、今は住宅
が密集していて当時の面影は全くないが、私達が引っ越してき
た当時は、家が私の家を含めて田んぼの中に3軒あるのみだった。
　この時、兄は川越第2小学校（現在の川越小学校）の小学5
年生。私は鍛冶町の外れにある双葉幼稚園に通っていた。今成
は第2小学校や双葉幼稚園の学区外であった為、私達は本来な
ら転校・転園すべきであったのだが、兄と私が慣れ親しんだ友
達と別れて「田舎っぺ」の学校に行くのは嫌だと猛反対した
為、父は私達を多賀町（鍛冶町の隣町）に住む商売仲間の家に
寄留（形だけ）させ、私達が第2小学校と双葉幼稚園に引き続
き通うことができるようにした。しかしここで問題なのは、通
学と通園。鍛冶町から第2小学校までは800メートル程だった
のが、今成からだと2キロ弱ある。この頃はスクールバスなど
といったものはない時代だったので、兄は自転車通学をするこ

とになった。そして私は、兄の自転車の荷台に乗り双葉幼稚園に通った。ただ、小学校の始業時間と幼稚園の始まる時間が異なっていた為、私が幼稚園に着く時間には、幼稚園の金網の門はまだ閉まっていた。私は金網をよじ登って幼稚園の園内に入り、園長先生が出勤してくるまでじっと待っていたのを覚えている。

　その頃の幼稚園は、お絵かき、歌、積木、砂遊び等が主で、今のように平仮名や漢字を教えたりはしなかった。ましてや、外国語を教える幼稚園など聞いたこともなかった。因みに当時の私は、外国はアメリカ合衆国のみで、外国語＝英語だと考えており、英語を学ぶのは中学生になってからだと思っていた。そんな中で、今成に引っ越したのを機会に商売から手を引いて隠居の身になった祖父が、時間を持て余してか、私に平仮名と易しい漢字を教えてくれた。

夢に出会った小・中学校時代

　７歳になる1958年の４月、私は川越第２小学校に入学した。兄は初雁中学校の１年生になった。兄は柔道部に入り、家に帰る時間が遅くなったこともあり、以前のように自転車で私の送り迎えをすることができなくなった。そこで、母が小学校の入

学式の２～３週間前に、どこからか中古の子供用自転車を買って来てくれた。私はそれまで自転車に乗ったことがなかったので、猛特訓をし、学校へ行くまでにはなんとか乗れるようになった。私の自転車通学に関する逸話が一つある。自転車通学を始めて間もないある朝、いつものようにＭちゃんの家である近長八百屋を右折して、「時の鐘」がある通りに差し掛かったところで、３人の同じ学年の女子生徒に出くわした。彼女達は隣のクラスの生徒で、その中の内田美沙子（仮名）ちゃんは、番長肌のいじめっ子として知られていた。私が自転車を速くこいで通り過ぎようとしたところ、案の定、美沙子ちゃんが大声で、「学校に自転車で行くなんてずるい。あたしを学校まで乗っけていけ」と、どなった。自転車を習ったばかりの私は、一人で乗るのが精一杯だったのだが、美沙子ちゃん達にいじめられるのが怖くて自転車を止めた。そして、美沙子ちゃんが自転車の荷台にまたがると、力一杯ペダルを踏み込んだ。自転車はゆっくり走り出したのだがバランスがうまく取れず、自転車は前進するよりも右へよろよろ、左へよろよろ。美沙子ちゃんは、「なんだ下手くそ」と言って私の自転車からぴょんと飛び降りた。以来、美沙子ちゃんが私の自転車通学に関してとやかく言うことはなかった。

　小学校に入ると、母は私を習字塾と勉強塾に通わせた。上田

（仮名）習字塾では、毎月「習字の友の会」が出す課題を練習して提出する。私は練習するのが嫌で、毎月締切の直前になって母に怒られて泣きながら清書したのを覚えている。それでも、小学生低学年の部では５段まで行き、小学生６年生の時には、上級部で５段の更に上の特待生までのぼりつめた。因みにこれはあくまで毛筆の話で、私の硬筆の字は至って下手である。

　島野（仮名）勉強塾は、兄が通っていたために私も入ったのだが、島野さんのお爺さんが６畳余りの自分の隠居部屋を昔の寺子屋のように仕立てて、小学生に国語と算数を教えていた。島野先生は、その頃何歳だったのか分からないが、顔面神経痛を患っていたのか顎をがくんがくんと動かし、授業の合間には高学年の生徒に肩たたきをさせたりして、当時の私にはひどく年寄りに思えた。でも、今になって考えると島野先生はきっと今の私の歳ぐらいだったのだと思う。ともあれ、この島野勉強塾のおかげで、小学校時代の私の成績は常に上位であった。

　小学校３年生になって間もなく、春の遠足（確か埼玉県比企郡吉見町にある史跡の吉見百穴だったと思う）からの帰り道、私は、鷹部屋（現在の末広町３丁目あたり）の坂の上あたりで、皆と別れて一人で歩いて帰った。家まであと100メートルぐらいのところで、突風が、私の目の前に落ちていた波型トタンを吹

き上げた。トタンは、私の左眉毛に直撃した。近くで畑仕事をしていた近所の叔母さんが、「恵美ちゃん大丈夫？」と言った。トタンが当たった直後は痛みを感じなかった私は、「うん。大丈夫」と言って歩き始めた。しかし、10メートルも歩かない内に、真っ赤な血が、母が遠足の為に新調してくれた白いブレザーコートの上に流れ出た。びっくりした私は、泣きながら家に走り帰った。母が家で応急手当をしてくれ、直ぐ私を赤心堂病院へ連れて行った。幸い傷は目には及んでいなかったが、6～7針縫った波型の傷跡は、その後ずっと私に付きまとうことになる。祖父は、「恵美子はそれでなくてもまずい顔なのに、こんな傷があったら嫁に行けなくなる」と言って、薬局から傷が薄くなるとかいう塗り薬を買ってきて、毎日私の傷口に塗った。

　小学校の高学年になると、日曜日は、TBSの『兼高かおる世界の旅』を見るのが楽しみだった。当時、私の周りには外国へ行ったことがある人は一人もおらず、テレビで見る以外、外国人も見たことがなかった。前に記したが、幼い頃私は外国といえばアメリカで、外国語といえば英語だとばかり思っていた。というわけで、兼高かおるが世界の色々な国を訪れてその国の人達と会話し、文化や風習を紹介するのに大きな衝撃を受けた。兼高かおるが紹介した、タイの首都バンコクを流れるメナム川

（現在のチャオプラヤー川）の水上で生活する人々や、ニュージーランドのマオリ族の民族舞踊、ウィーン少年合唱団の寄宿舎の様子等は、いずれもとても興味深いエピソードだった。そして、これが後の私の人生に大きな影響を及ぼすことになった。この頃から、私の夢は将来外交官になることだった。この夢は、後に日本の外交官でなくアメリカ合衆国の外交官という形で実現する。因みに、外国と関係を持つ仕事は他にもあっただろうが何故外交官を選んだのかというと、今では、商社、航空会社、外資系の会社、JAICAで働く等選択肢は色々考えられるが、この頃の私には、外国と関係を持つ仕事は、外交官以外に思い当たらなかった為である。

　余談であるが、丁度この頃私は、マーガレット・モンゴメリの『赤毛のアン』を読んだ。確かその中で、アンのボーイフレンドのギルバートが、アンの髪の毛の色が人参のように赤いといった箇所があった。黒髪の日本人しか見たことがなかった当時の私には、赤毛というものは、全く想像できなかった。ましてや将来、赤毛の男性と結婚することになるとは夢にも思わなかった。

　時は、日本の高度成長期時代。両親が営むお煎餅工場の中で育った私の生活環境は、一般の家庭のそれとはかなり異なって

いた。まず、私の両親と兄と私は、工場の敷地内にある２階建の木造住宅に住んでいた。その建物は、２階に８畳の両親の寝室、１階は６畳の和室と10畳くらいの、今でいえばフローリングの子供部屋とトイレのみという間取りであった。台所やお風呂はそれぞれ別の建物に食堂と浴場という形であった。これは、お煎餅工場に常に数人の住み込みの従業員がいて、食事や入浴は皆でシェアするからであった。家族と従業員合わせて十数人の食事を作るのは、私の祖母であった。祖母は、私が覚えている限り、まるで海老のように腰が曲がっていたのだが、毎日川越市内までショッピングカート用の乳母車を押して買い物に行っていた。その頃は、通い、住み込みを合わせて、20人程の従業員がいた。その中で最も印象に残っているのは、住み込みで働いていた、まーちゃんと、ふーちゃんである。当時、彼女達は、17 〜 18歳だったと思う。ふーちゃんは茨城県の土浦近辺から、まーちゃんは鹿児島県の口永良部島から来ていた。二人共私をかわいがってくれ、給料日になると川越市内にあった鶴川座という映画館のはす向かいにあった中華料理屋に「支那そば」を食べに連れて行ってくれた。まーちゃんが仕事をしながらよく歌っていた「あたいげんどん　ちゃわんなんだ日に日に三度もあるもんせば　きれいなもんごわんさー　ちゃわんについた虫じゃろかい　めごなどけあるく虫じゃろかい　まてげんねこっじゃ　わっはっは」という歌は、今でも覚えている。

この従業員との「共同生活」は、私が中学生になった年に、父が工場の隣の土地を買って一戸建ての家を建てた時まで続いた。

　私が中学生になると、もはや父の商売仲間の家に寄留することができず、今成町の子供達が通う富士見中学に行くことになった。しかし私が中学2年生になる時、今成町の人口が増えた為、私達が住んでいた地域は今成町から分かれて月吉町となった。それとともに学区編成が行われ、私達の地域の子供達は初雁中学へ行くこととなった。私はそのまま富士見中学に通うこともできたのだが、初雁中学には小学校時代の友達が通っていたこともあって、2年生から初雁中学に転校した。丁度、1964年の東京オリンピックが開催された年で、東洋の魔女とうたわれた日本女子バレーボールチームに大変人気があり、私

この年、初雁中学バレーボール部は市の大会で優勝し県大会に進んだ

もそれに影響されて部活はバレー部に入り、放課後はバレーボールの練習に明け暮れた。学業の方も、５段階評価でオール５とはいかずとも４が１～２個混ざる成績だった。

交換留学生として渡米した高校時代

　埼玉県の県立高等学校は、どういう訳か男女別れている。兄は埼玉県立川越高等学校（通称・川高）へ行ったのだが、私は埼玉県立川越女子高等学校（通称・川女）へ行った。川高も川女も進学校で、殆どの者が東京にある大学に進学する。しかし私は、高校２年の終わりごろ、学生運動（1968年～1970年は、全共闘運動大学紛争の時期）に揺れ動く日本の大学に行くことに疑問を持つようになり、留学の可能性を考えるようになった。川女での私は英語部に属していた。当時の川女の英語部は、部員を様々なスピーチ・コンテストに参加させることに力を入れており、先輩の中には全国即興スピーチ・コンテストで上位入賞をした者もいた。私も地方（確か入間地方だったと思う）のスピーチ・コンテストに出場し３位になった。この頃、なんとか英語を上達させたいと思った私は、今になっては、題名をはっきり覚えてはいないのだが『英語を上達する方法』とかいう本を購入した。その本によれば、英語を喋る環境に自分を置くのがベストであるということで、本の終わりの方に幾つかの留学

制度団体が挙げられていた。その中で、今の自分に最も適しているのではないかと思われたアメリカのミシガン州に本部を持つYouth for Understanding Exchange Program（YFU）を見つけだし、応募した。幸運にも私は、書類選考と面接試験に受かることができ、14人の他の日本人留学生と共に、アメリカで1年間の留学生活を送ることになった。私の両親は、私の教育に関して細かいことでとやかく言うことはなかったが、常に大きな夢を持ち、それに向かって進む努力をすることが大切だと教えてくれた。ということで私の両親は、私のアメリカ留学も、外交官になりたいという大きな夢を叶える為の一過程であるとして理解を示してくれたのだと思う。

　私が交換留学生としてアメリカへ発つ1か月程前、アメリカ人の女の子が交換留学生として家にやってきた。YFUの日本人交換留学生のアメリカ滞在期間は1年間だが、アメリカ人交換留学生の日本での滞在期間は1か月余りである。家に来た子の名前は、ジャネット・スチーブンソン（仮名）17才。彼女はミシガン州サギナウ市（ミシガン州中東部に位置する町）の出身。私の家族は、言葉がうまく通じない環境の中でアメリカ人の女の子をどのように「接待」したらよいのか悩んだ。ジャネットが家に来た最初の日の夕ご飯は、料理上手の義姉が腕を奮って「すき焼き」を作った。家族全員がすき焼き鍋を囲んで食卓に

着き、ジャネットに肉やネギやしらたきは、食べる前に手前に置いてある溶き卵に浸してから食べるのだと身振り手振りで説明すると、ジャネットは明らかに気分がすぐれないといった様子になり折角のすき焼きに手をつけなかった。後で分かったことだが、アメリカ人は一般に生卵を食さない。サルモネラ菌の感染を恐れてのことだ。

　ジャネットは、彼女が通っているサギナウ・ハイスクールから託された、アメリカ合衆国の国旗である星条旗を持ってきた。その星条旗を私が通っている川越女子高等学校に寄贈したいと言うのだ。その時学校は夏休みに入ってしまっていたので、詳細は覚えていないが、学校の体育館で元担任にその国旗を渡すことになった。かなり大きいサイズに見えたので広げて見ようと旗の一辺をつかむと反対側の部分が体育館の床に触れた。その瞬間、ジャネットが「あ、ダメダメ」と叫んだ。私を含むそこにいた人達は、ジャネットが何故怒っているのかが分からなかった。これも後に分かることなのだが、アメリカ人の国旗に対する思いは半端ではない。United States of America（アメリカ合衆国）は、文字通りStates（州）がUnite（団結して）国をなしているのであって、13本の白と赤の縞模様はイギリスの植民地時代の13の植民地を表し、50の星は現在のアメリカの50州を表している。まさに星条旗はアメリカ合衆国を一つの

国として結びつけるものであり、アメリカ人の象徴である。だから国旗の取り扱いには特別な注意を払う必要があり、床や地面に触れさせてはいけないと私達の年代のアメリカ人達は学校や家庭で教えられたそうである。因みにアメリカ合衆国の公立小学校の授業は、学童がアメリカ合衆国の国旗を見て右手を左胸の上におき、アメリカ合衆国とその国旗に対する忠誠の宣誓である「忠誠の誓いThe Pledge of Allegiance」を暗誦することで始まる。この「忠誠の誓い」は1892年にバプティスト派の牧師であったフランシス・ベラミーにより起草された。現在この「忠誠の誓い」を学校で暗誦することに対する批判の声も出ているが、2023年現在、アメリカ合衆国50州の内47州の公立小学校で暗誦されている他、国の公式行事の開催の場などでも使われている。以下は「忠誠の誓い」の全文である。

「I Pledge Allegiance to my Flag and the Republic for which it stands, one nation indivisible with liberty and justice for all.」
（私はアメリカ合衆国国旗と、それが象徴する、万民のための自由と正義を備えた、神の下の分割すべからざる一国家である共和国に、忠誠を誓います）

14人の交換留学生は、1970年の8月、羽田空港からアメリカに向けて出発した。当時、アメリカ本土までの直行便はなく、

ハワイのホノルルで給油ストップをすることになっていた。飛行機に乗るのはこの時が初めてだった私は、エコノミークラスの飛行機の左翼がよく見える窓側に座った。離陸して3〜4時間ぐらいした頃だったと思うが、窓から外を見ていた私の目に、翼から火花が散っているのが見えた。初飛行の私は、緊急事態が起こっているとも知らず、ああ、飛行機って火花を放って飛ぶものなのかーと、馬鹿なことを考えていると、機長が機内アナウンスで、エンジントラブルの為羽田に戻ると告げた。私達は無事羽田空港に戻り、飛行機が修理されるまで待ち、再度ホノルルに向けて出発した。

　14人の交換留学生は、主にミシガン州とカリフォルニア州のホストファミリーに引き取られた。私のホストファミリーであるリチャードソン（仮名）家は、ミシガン州のサウスゲイト市（アメリカ中西部の自動車産業のメッカとして知られるデトロイト市の南に位置する）に住むドイツ系アメリカ人一家で、父親は鉄工所のフォアマン（現場監督）、母親は隣にある家具屋でパートの店員として働いていた。息子のデイビッド（仮名）は、サウスゲイト・ハイスクールのシニア（4年生）で、娘のマリア（仮名）は、フレッシュマン（1年生）であった。私はデイビッドと同じ、シニアクラスに入ることとなった。

サウスゲイト・ハイスクールは、サウスゲイト市の公立高校で、リチャードソン家から徒歩で30分ぐらいの所にあった。私は、この道を裏に住む一級下のヴィクトリア（仮名）と歩いて通った。アメリカの高校で驚いたことが幾つかある。まずは、数学や英語等の基礎科目は必須だが、そうでない科目は大学のように自分で選択できる。その為、先生が教室に来るのではなく、一つの授業が終わると生徒達が次のクラスに移動する。因みに日本のようなクラス担任の先生はいない代わりにカウンセラーがおり、科目の選択や進学の相談等のアドバイスをする。授業内容も日本とは大きく異なる。社会科のクラスだったと思うが、クラスが４つのグループに分けられ、各グループが一つの架空の国になり、各々の経済政策や軍事戦略をたて国同士の駆け引きをするというエクササイズが行われた。日本の学校のように、先生が教えることをノートにとり暗記するといった縦割り型の授業でなく、生徒が自分達で考え、先生はコメントをする。因みに、サウスゲイト・ハイスクールには、その時の私の目から見ると「え？　こんな人が高校の教師なの？」と思う人が何人かいた。例えば、ブラウン先生は、当時恐らく20代後半だったと思うのだが、当時はやっていたベルボトム・パンツに体にピッタリしたサイケデリックカラーのトップス、もみあげを伸ばし、正にヒッピーそのもの。学校へは、当時大人気の黒のコルベット（クライスラー社のスポーツカー）に乗って

やってくる。生徒達はブラウン氏を、先生というより自分達の仲間のように扱っていた。

　サウスゲイト・ハイスクールで驚かされたことはまだあった。今では日本の高校生も学校外ではメイクをするという女の子が増えて来ているようだが、当時のサウスゲイト・ハイスクールの殆どの女子生徒はメイクをして通学していた。また、私が休み時間にトイレに行こうとして女子用トイレのドアを開けると中はタバコの煙でいっぱいだった。5〜6人の女子生徒が便器の上に座り、タバコ休憩をとっていたのだ。シニアクラスの女子生徒で妊娠中の子もいた。しかし、こうした生徒達は「不良女子」という訳ではない。「当時のミシガン州の高等学校」の中ではごく普通のことだったようだ。ここで「当時のアメリカの高等学校」と言わず「当時のミシガン州の高等学校」と言ったのは、この時学校教育は各州の管轄であり、州によって教育規制や教育方針等が多少異なっていたからだ。因みに、日本の文部省に該当するアメリカ教育省は1979年10月に設立された。
　リチャードソン一家は、熱心なキリスト教徒である。プロテスタント系の一派であるクリスチャン・ミッショナリー・アライアンス（CMA）に属し、日曜日の朝と夕方、水曜日の祈禱会には、家族全員で欠かさず出席する。

サウスゲイトは、文字通りデトロイトの南（サウス）に位置する小さな町で、当時はゼネラルモーターズ、フォード、クライスラー等、アメリカの大手自動車会社で働くブルーカラー労働者が多く住む町だった。その後、日本の自動車メーカーも工場を持つことになり、日本人もサウスゲイトや近郊の町に住むことになるのだが、私が住んでいた時には日本人は全くおらず、私は必然的に１年間日本語を話す機会がなかった。YFUの決まりで仲間の日本人交換留学生との交流も禁止されていた。これは英語をマスターするのには最高の環境であった。因みに、初めの３〜４か月は、周りの人達の言っていることが殆ど分からず苦労した。皆が私に話しかける時は、気を使ってゆっくり話してくれるのだが、自分達の間で話をしている時は、普通の速さ（その時の私には、かなり速く思えた）で話すので聞き取れない。更に、話題が急テンポで変わっていくので会話について行けない。そこで私は、話の内容が分かっていなくとも皆が笑う時には一緒になって笑ったりして分かったようなふりをしていた。

　現在のサウスゲイト・ハイスクールには、色々な人種の学生が通っていると聞くが、私が通っていた時には白人ばかりで、あえて言えば、私が、唯一の「有色人種」であった。

　アメリカでは州によって消費税が異なる。サウスゲイトはミ

シガン州に位置するが、南のオハイオ州までは車で45分程である。リチャードソン家のお母さんは、月に一度は、消費税が低いオハイオ州のトレド市に肉の買い出しに行っていた。アメリカは連邦制国家である為、各州の独立性が大変高く、州は独自の法律も持っている。そこで税率等も各々の州が独自に決定する。因みに、2023年6月現在消費税がゼロの州は、アラスカ州、デラウェア州、モンタナ州、ニューハンプシャー州とオレゴン州である。また所得税がない州もある。アラスカ州、フロリダ州、ネバダ州、サウスダコタ州、テネシー州、テキサス州、ワシントン州、ワイオミング州である。

第 2 章

アメリカ以外の世界を知ろうと旅した放浪時代

　アメリカでの留学生活を終えて日本に戻った私は、今更日本の大学へ入る為の受験勉強をする気にはなれず、何をしようかと考えている時、イスラエルのキブツを紹介する本を読んだ。今になってはその本の題名も著者名も覚えていないのだが、「キブツはシオニズム運動（世界中に離散したユダヤ人の為のホームランドを作る目的に1890年に始まった運動）の一環として今のイスラエルの地に作られた生活共同体で、キブツ内では社会福祉が平等に保証され、貧富の差もなく、男女平等に労働に携わる」というようなことが書いてあった。社会主義者が唱えるユートピアの様なところなのだろうか？　しかしイスラエルは、民主主義国家である。民主主義国家の中に存在する社会主義的生活共同体とは、いったいどんなところなのだろう？　という

疑問を持った。私は、早速イスラエルのキブツの本部に問い合わせの手紙を出した。3週間後、待望の返信が来た。それによると、キブツのボランティアワーカーになる為の資格は特別にないので、健康であって、妊娠中でなければ、誰でも歓迎するというものであった。キブツは、ボランティアワーカーに労働力を提供してもらう代わりに衣食住を無料で提供するということで、キブツ滞在中の私の生活費は無料であった。丁度その頃アメリカ人の友人が、『Asian Business & Industry』（香港から発行されたアジアのビジネス産業を扱った週刊誌で1970代末に廃刊になった）という雑誌の取材でマレーシアとシンガポールへ行くというので同行させてもらい、シンガポールからロンドン経由でイスラエルのテルアビブに行くことにした。因みに、私がこの時何故東京から直接テルアビブに行かなかったのかというと、東京の旅行会社で購入する「東京－テルアビブ間」の航空券が非常に高価だったからである。シンガポールまで行けば、ロンドン経由テルアビブ行きの格安航空券を買うことができると聞き、友人のマレーシア旅行に同行したのである。この時の旅費は、二つのアルバイト（英語の家庭教師と求人広告専門の広告代理店勤め）をして稼いだお金で出すことができた。

バスを乗り継ぐマレーシアでの貧乏旅行

　確か、取材はマレーシアとシンガポールのゴム産業に関することだったと記憶している。友人がクアラルンプールでの取材を終えた後、私達は、マレーシアの東部を海岸線沿いにローカルバスを乗り継いで旅することにした。バスと言っても中古のミニバンのようなもの。もちろんエアコンなど付いていない。宿の予約などなく、日が暮れたら宿を探すといった貧乏旅である。その頃のマレーシア東部には大都市はなく、小さな町や村がポツンポツンとあった。そんなある日、バスを乗り継いでとある小さな町に行き着いた。いつものように、宿探しを始める。１件目、２件目、３件目とあたったが、全て満室。なんでもマレーシアで人気の映画スターが撮影の為にこの町に来ており、３件しかないホテルは全て貸し切られているということだった。これから隣町に行くにしても、もうバスはない。私達は、覚悟を決めて町の中心にある広場のベンチで代わる代わる横になって夜を明かすことにした。まず私が、「起き番」。私は、誰か襲ってきたら防御できるように、折りたたみの傘を右手に握りしめた。午前０時を過ぎた頃、大きな黒い人影が現れ、マレー語で何か言っている。私は、急いでベンチで横になっている友達を起こした。すると、マレーシア人にしては体の大きなこの男は、片言の英語で自分の家に泊めてやると言った。今思

うと、そんなに簡単に人を信じて付いて行ったら危険だと思う
のだが、その時は単純に有難いと思って男のミニトラックに乗
り込んだ。小一時間走った頃、大きな鉄の門のある農場に着い
た。男は、農場の一角にある建物の中の板の間の部屋に私達を
案内し、そこで寝るようにと言った。部屋は、電気がなく真っ
暗なので、何があるのか全く分からなかったが、疲れ切ってい
た私達は直ぐ眠りについた。明け方、私達は、こっこ、こっこ
……という異様な音で目が覚めた。よく見ると、私達が寝てい
た板の間は金網で仕切られていて、仕切りの向こうには数百羽
の鶏がいた。私達は、養鶏場の鶏小屋で寝ていたのである。私
は、「うわー！　気持ち悪い」と叫びながら、小屋から走り出
て農場を後にした。

　因みに、私は鶏が大嫌いである。生きているものも、死んで
鶏肉になっているものも嫌いである。バードウォッチングを楽
しんだり、ケンタッキー・フライド・チキンを美味しい美味し
いといって食べている人達の気が知れない。私の鶏嫌いは、私
が鍛冶町に住んでいた頃、お煎餅工場で働いていた従業員が、
家で飼っていた鶏を私の目の前で絞めて、その日の夕食に食べ
た時から始まり、未だに続いている。私は、家では絶対に鶏料
理を作らないので、家の家族は外食する時は往々にして鶏料理
を注文する。アメリカでは七面鳥が感謝祭の定番メニューだが、

家では七面鳥料理はハムに代わる。

　その後私達は、クアラルンプールに戻りそこから汽車でシンガポールに向かった。私には、その時のシンガポールの印象はあまりない。ただ、マレーシアに比べたら大都会だなあと思ったことぐらいである。ともあれ、私はそこで友達と別れ、テルアビブ行きの航空券を購入しロンドン経由でテルアビブに向かった。

民主主義国家イスラエルに存在する
社会主義的生活共同体キブツで働く

　私がロンドンを経由してイスラエルのロッド空港（現在のベン・グリオン国際空港）に降り立ったのは、赤軍派がロッド空港乱射事件（パレスチナ解放人民戦線の依頼を受けて日本赤軍メンバーがイスラエルのロッド空港で1972年5月30日に起こした乱射事件）を起こした2年後であった。当時の私は長髪で、風貌があの日本赤軍の最高幹部の重信房子に少し似ていた為か、空港での入国検査は私だけ別の部屋に連れていかれ身体検査をされた。

　かなり時間がかかったもののイスラエルへの入国が許された

私は、バスでテルアビブ市内にあるキブツの本部に向かった。今となっては、何故二つのキブツに行くことになったのか覚えていないが、私はそこで初め、テルアビブからそう遠くない方のキブツ、ニル・エリヤフ（Nir Eliyahu）に行き、後に、ガラリア湖の南に位置する方のキブツ、アッシュドット・ヤコヴ・イフド（Ashdod Ya′akov Ihud）に行くように指示された。

　ニル・エリヤフは比較的小さなキブツで、バナナ、ナツメヤシの実、オリーブ等の農産物の栽培の他、数年前に建てられたプラスチック生産工場があった。

　キブツの朝は早い。私は、キブツに着いた日の翌朝5時に起こされ、キブツの所有するバナナ畑までトラクターに乗せられて連れて行かれた。この時私は、キブツから与えられた作業着を着ていたのだが、靴は持参したサンダルを履いていた。これが大きな間違いだった。足の甲まる出しのサン

1970年代のイスラエルの地図

ダルで2〜3時間バナナ畑を歩き回った私の足を、蚊が容赦なく刺しまくった。痒みに耐えられなかった私は、右足の甲を血が出るまで掻きむしり化膿させてしまった。この傷跡は、50年程経った今でも残っている。因みに、翌日からは、支給された作業用ブーツを履き、蚊よけスプレーを体に吹きかけてバナナ畑の仕事に向かった。早朝、バナナ畑で仕事をした後は、一旦キブツに戻り、ダイニングルームで朝食をとる。朝食は、大きなビュッフェ式テーブルに並べられた野菜、果物、卵、チーズ、パンを自分で好きなだけ取る。因みに、ユダヤ人は、豚肉や甲殻類を食さないので、ポークソーセージやポークハム等は出ない。朝食の後は、再び、バナナ畑で昼まで仕事。午後は、ボランティアワーカーの為に開かれている、ウルパンというヘブライ語の語学教室に通った。しかし、当時、殆どの人が英語

1970年代のキブツ
ニル・エリヤフ（絵葉書）

を理解していたので、私はヘブライ語学習にあまり真剣ではなく、今となってはヘブライ語を殆ど話せなくなってしまったことには後悔している。ニル・エリヤフには、十数人のボランティアワーカーがいた。その殆どが、世界各地に住んでいるユダヤ人の若者達であったのだが、驚いたことに（ヒトラーのナチス・ドイツのユダヤ人大量虐殺の歴史があった為）ユダヤ系ではないドイツ人のボランティアワーカーも数人いた。私のルームメイトだったアンナ（仮名）も生粋のドイツ人だった。アンナは、フント（ドイツ語で犬）という名前の黒い犬を連れてドイツから陸路でイスラエルにやって来たそうだ。

　ユダヤ教では金曜日の日没から土曜日の日没までがシャバトと呼ばれる安息日でキブツの仕事はお休みである。休日にはすることがないので、私はよくアンナと一緒にフントの散歩に同行した。そこで気が付いたのは、私達が散歩をしているキブツの敷地内は、オリーブの木やナツメヤシの木、オレンジ畑等があり青々としている。しかし遥か彼方に見えるアラブ人の集落は、荒涼とした土の砂漠の中にあり、辺り一面砂色である。この差は、キブツの灌漑技術の良さから生じたものである。

　数か月後、私はキブツの本部に言われた通り、ニル・エリヤフを後にして、アッシュドット・ヤコヴ・イフドに移動するこ

とになった。折角なので途中、エルサレム、死海、マサダの観光もかねた。移動手段は、もちろん一番安あがりのローカルバス。当時のイスラエルのローカルバスは、普通の大型トラックに屋根を付けて、乗客用の硬いプラスチックの座席を取り付けたようなもので、砂漠の中に敷かれた道路を砂煙をあげながら走った。ここで一つ気になったのは、私が乗ったどのバスにも運転席の脇に機関銃が置いてあったことだ。有事の際に備えてのことであろう。

　エルサレムは、ユダヤ教、キリスト教、イスラム教の聖地。この街の見どころは、ユダヤ教の「嘆きの壁」（ここでは、黒装束で、長く伸ばしたもみあげをカールした超正統派ユダヤ教徒達が壁に向かって祈りを捧げているのが見られる）、キリスト教の「聖墳墓教会」（イエス・キリストが十字架にかけられて処刑された場所に建てられた教会）とイスラム教の「岩のドーム」（このドームが建つ地はイスラム教の預言者モハマッドが天に召された場所）などがある。死海は塩湖とも呼ばれ、イスラエルとヨルダンの間に位置する。この湖は極度に高度の塩分含有率がある為、誰でも水面に浮かぶことができる。

　マサダは、死海を臨む古代の要塞都市。ローマ軍に追い詰められ残されたユダヤ人が籠城した最後の砦。

　私は、アッシュドット・ヤコヴ・イフドに到着するなりキブ

ツの事務所に連れて行かれ、キブツに入る際の注意事項の説明を聞き、契約書にサインをした。契約書には、夜7時以降にはキブツ内を走らないこと、走れば銃殺される可能性が大いにあるということや、境界線の向こうには、地雷が埋め込まれているため、キブツの北側の境界線を越してはならないということなど、今まで平和社会ばかりを見てきた私には、全く驚くことばかりが書かれていた。イスラエルには、男女共に兵役義務がある。その為軍服を着て機関銃を持った若者達が至るところにいる。キブツの食堂のテーブルの上に機関銃を置いて食事をとるのは、日常茶飯事のことである。キブツで暮らすイスラエル人の殆どが、自分の親族の誰かがアラブとの戦争で亡くなったと言っていた。アッシュドット・ヤコヴ・イフドの子供達は親

1970年代のマサダ
（絵葉書）

元から離れて子供の家で暮らし、1週間に一度だけ親の住むアパートに行って夕食を親と一緒にとる。キブツでは、給料というものがない。代わりに、金額は覚えていないが、僅かながらの「おこづかい」と煙草数箱が報酬として与えられた。煙草を吸わない私は、煙草をクッキーかなにかと物々交換したのを覚えている。

　アッシュドット・ヤコヴ・イフドは、ニル・エリヤフよりかなり大きいキブツだけあってボランティアワーカーの数も多かった。ドイツ、南アフリカ、オーストラリア、アメリカ等、様々な国から来ていた。日本からは、私一人。殆どのボランティアワーカーは、真面目にキブツの農作業を早朝から行っていたのだが、一人のアメリカ人の女の子（確かレイチェルといったと思う）は、常に寝坊をしていた。ある日、私達がレイチェルの部屋に迎えに行くと、彼女はまだベッドの中におり、「私は、今までこんなに早く起こされて奴隷のように働かされたことはなかった。早く（ニューヨークの）家に帰りたい」と泣きべそをかいた。他のアメリカ人が、レイチェルは典型的なJAPだから仕方がないよと言った。JAPとは、日本人を軽蔑する為の呼び名だとばかり思っていた私は、何故レイチェルがJAPなのかと聞いたところ、JAPは、ジューイッシュ・アメリカン・プリンセス（Jewish American Princes）のことで、甘や

かされて育ったアメリカ、特にニューヨークに住むユダヤ人の娘をあらわす呼び名だと言った。

　アッシュドット・ヤコヴ・イフドの日本人は、私一人だけであったが、隣の姉妹キブツであるアッシュドット・ヤコヴ・メウハッドには、日本人男性の正則君（仮名）がボランティアワーカーとして住んでいた。私は、時々正則君を訪ねてアッシュドット・ヤコヴ・メウハッドへ遊びに行った。アッシュドット・ヤコヴ・メウハッドに近いまた別のキブツに住んでいた日本人女性の佐藤佳子（仮名）ちゃんも正則君のところに遊びに来ていることが多く、私と佳子ちゃんはそこで意気投合し、後に二人でスイスへ行くことになる。因みに正則君は、後に同じキブツのイスラエル人女性と結婚してイスラエルに残ったと聞いている。

　イスラエルを発つ数週間前、キブツの若者達とボランティアワーカーの為の遠足が企画された。目的地は、シナイ半島。当時シナイ半島は、イスラエルの領地であった。私達は、キブツのトラックの荷台に乗り込み、シナイ半島の入り口であるエイラート（Eilat）の町を過ぎ、更にしばらく南下したところでキャンプすることになった。キブツから持参したキャンプ用品でキャンプファイヤーをおこしバーベキュー。キャンプファイヤー

を囲んで、ウルパンで教わったイスラエルの歌やダンスをして楽しんだ。夜は、テントは張らず砂漠の上に寝袋を敷いて寝た。夜空に輝く満天の星空はまるでプラネタリウムのようだった。

スイス・アルプスの麓でアルバイト

　イスラエルのキブツで1年余りを過ごした後、佳子ちゃんと私は、キブツで友達になったブリタニー（仮名）という名のスイス人女性を頼ってスイスのチューリッヒへ飛んだ。ブリタニーは、私達を彼女が両親と住むチューリッヒ市内のアパートに案内してくれた。アパートには白い絨毯が敷き詰められており、どこもかしこも整理整頓されていたのが印象的だった。でも、それはブリタニーの家だけではない。チューリッヒの町全体が、清潔感に満ち溢れていた。私は2018年に自転車旅行でチューリッヒを再び訪れたのだが、この時の町の変わりようには大変驚いた。壁にはグラフィティが描かれており、歩道はゴミだらけ。以前の清潔なチューリッヒの面影はどこにもなかった。

　佳子ちゃんと私は日本へ戻る旅費を稼ぐ為に、スイスのスキーリゾートでアルバイトをすることになった。ホテルアルペンローゼは、ペンションに毛が生えたような小さなホテルで、ブリッグ（Brig）という中堅の町から電車でモレル（Morel）と

いう町に行き、そこからケーブルカーで15分程登ったところに位置するリーダーアルプ（Riederalp）という小さな村にあった。リーダーアルプはスキーリゾート地で、アルペンローゼのような小さなホテルが幾つもあった。また、ここは車厳禁である為ホテルに駐車場はない。アルペンローゼのオーナーは、ドイツ系スイス人。雇用人は、キッチンで働くシェフと見習いシェフを除いては、隣国からの出稼ぎ労働者だった。スペイン人の夫婦、ポルトガルから来た叔母さん、ユーゴスラビア人3名（ユーゴスラビアは2006年に崩壊した）、イギリス人とフランス人各1名。佳子ちゃんは主に客室掃除を担当し、私はホテル内のレストランのウェイトレスとして働いた。

　スイスを発つ数日前の1975年の春、佳子ちゃんと私はイタリアのミラノまでヒッチハイクをすることにした。ヒッチハイクは、当時の若者の間でかなり頻繁に行われていた。女性二人ということで止まってくれる車も男性のヒッチハイカーより多かった。後にイギリスとアイルランドでもヒッチハイクをするのだが、幸いにも危険な目に遭うことは一度もなかった。ブリッグからミラノまでは、イタリアとの国境の町ルガノを経由して、距離にしておよそ210キロ。確か3〜4台の車を乗り継ぎミラノに4時間余りで到着したように記憶している。この旅で印象的だったのは、イタリアとの国境の町ルガノに入ったと

ころで景色が一変したことだった。スイスの清潔かつ整理整頓された町並みは、グラフィティがいっぱいの壁に変わったのだ。

イギリスとアイルランドへ寄り道

　スイスのスキーリゾートホテルで1シーズン働き、日本へ帰る航空賃が貯まった佳子ちゃんと私は、イギリスで数週間観光旅行をし、その後東京に帰る計画を立てた。1975年の春の終わりが近づくある日、私達はチューリッヒからロンドンへの直行便に乗り込み、午後2時頃、ロンドンのガトウィック空港に到着した。空港内のイミグレーションはかなり混雑しており、私と佳子ちゃんは、別々の窓口で入国手続きをすることとなった。私に対する検査官の質問は、滞在目的、滞在期間等通常通りで、日本まで帰る航空券を持っていた私は、すんなりと入国許可が下りた。そこで、佳子ちゃんを待つことにしたのだが、待てども待てども佳子ちゃんが出てこない。同じ飛行機に乗っていた乗客は、皆イミグレーションを通過してしまっているのに、いったい佳子ちゃんは、どこへ行ってしまったのだろうかと、不思議に思いながら入国手続きカウンターに戻ってみると、ゲートの向こう側にある入国手続き管理事務所の椅子にしょんぼり座っているのが見えた。たまたまそこにいた検査官の一人に訳を聞くと、佳子ちゃんは英語があまりよくできない

為、検査官の質問にうまく答えることができず、滞在目的を聞かれた際、キブツで知り合ったイギリス人の友達が佳子ちゃんに宛てた手紙を検査官に見せたのだという。その手紙の中には、イギリスに来れば、自分が仕事を紹介してあげるということが書かれていたそうで、それが理由で入国拒否ということになり、フライトの出発点であるチューリッヒに強制送還されるという。そこで、私はなすすべもなく一人でガトウィック空港を出てロンドン市街に向かった。随分後になって、佳子ちゃんから手紙が届いた。それによると、佳子ちゃんはチューリッヒで日本人と知り合いになり、その人とインド廻りの陸路で日本まで帰ったそうだ。

　佳子ちゃんと離れ離れになってしまった私は、とりあえずその日は、ユースホステルに泊まることにした。翌日、ハイデパークの地下鉄駅近くを歩いていると、服装と歩き方から見て明らかに日本人であるという女性に出くわした。彼女の名前は、吉田綾子（仮名）さん。普通のハンドバッグより少し大きめのショルダーバッグ一つを持っていただけなので、恐らくロンドンのどこかに住んでいて仕事をしているのだろうと思い、話しかけてみた。すると、彼女は広島の実家から家出して来て、ちょっと前にガトウィック空港に着いたばかりだと言った。ショルダーバッグの中には、着替えの下着とズボンとブラ

ウス各１着のみがはいっていた。綾子さんは、その後数か月間、それを毎日のように洗って着ていた。私は、綾子さんという相棒ができたので、二人で１部屋のフラットを借りることにした。部屋の隅には小さな洗面台があり、綾子さんは、そこで毎晩洗濯をしていた。部屋には備え付けのヒーターがあったのだが、コインを入れて一定時間作動するもので、切り詰め生活をしていた私達は、寒い時はデパートに行くとかして極力ヒーターを使わないようにしていた。

　ある日綾子さんと私が、あのシャーロックホームズの探偵事務所があるとされるベイカーストリートを歩いていた時、ABCベーカリーというコーヒーショップ兼パン屋の店先に求人広告が出されているのに気が付いた。手持ちのお金が少なくなってきた私達は、この求人広告に即応募した。綾子さんはコーヒーショップのウェイトレス、私は店頭でサンドイッチやコーニッシュパイ等を売る売り子をした。因みに、私は、「アメリカ訛りの英語」を話す変な東洋人と何度か、からかわれた。

　綾子さんと私はABCベーカリーで数か月働いた後、英国大陸とアイルランドへのヒッチハイクの旅に出た。ロンドンを出るまでは公共交通機関を使ったので、所謂「田舎」に出るまでかなり時間がかかった。まずは、スコットランドのエジンバラ

を目指す。エジンバラまでは、直線距離でおよそ645キロだが、ヒッチハイクとなると1日にどのくらいの距離をカバーできるのかは、全く予想できず、エジンバラに行き着くまでに10日間くらいかかったように思う。宿泊は、専らユースホステル。エジンバラに到着し、エジンバラ城観光をした翌日は、あの有名なロックネスモンスター「ネッシー」のいる、ロックネス湖を目指す。ロックネス湖は、ただの大きな湖で期待外れだった。当然ネッシーを見ることもできなかった。そこから私達は、更に北上してジョン・オ・グローツ（John O'Groats）に行き、英国大陸（スコットランド）最北端の道しるべを見た。私達の次の目的地は、アイルランドの首都ダブリン。アイルランドへは、ビートルズが生まれた町リバプールから出るフェリーで渡る。当時アイルランド共和国は、所謂南アイルランドのことで、ベルファーストを州都とする北アイルランドは、大英帝国の一部である。当時、北アイルランドには内戦があり、特にベルファーストは、かなりの危険地帯であった。路地の入口には、機関銃を持った警備員みたいな男達が、路地を出入りする人達の所持品をチェックしている光景があちこちに見られた。その後私達は、再びフェリーで英国大陸に戻り、ウェールズを経てロンドンに戻った。そこで私は綾子さんと別れ、日本へ帰るべく、香港行きのブリティッシュ・カレドニアン航空（1988年に倒産した英国の航空会社）の飛行機に乗り込んだ。

香港から日本へ帰るつもりが予定変更

　私は途中、その時香港に住んでいた友達に会う為、日本へ帰る前に香港に立ち寄った。香港に降り立った翌朝、香港のメジャー英字新聞である『サウス・チャイナ・モーニング・ポスト』の求人広告に目が留まった。それは、南アフリカ航空の日本人フライトアテンダントの募集広告であった。まだアフリカに行ったことがなかったことと、当時のフライトアテンダントの給料はとても良いということで、応募してみることにした。ゆくゆくは、アメリカの大学に行くことを考えており、その為

南アフリカ航空の初の日本人フライトアテンダント

の資金を日本で働いて貯めるより南アフリカ航空のフライトアテンダントになって稼ぐ方が良いと結論付けたからだ。幸運にも、南アフリカ航空に採用が決まり、南アフリカ航空のボーイング707機で、南アフリカ最大の都市ヨハネスブルグに向かった。

アパルトヘイト政策の基では、日本人は
名誉上の白人

　南アフリカ航空は、南アフリカ共和国の国営航空で、当時ヨハネスブルグ－香港間の路線を持っていた。それを東京まで伸ばそうという計画があり、その為二人の日本人のフライトアテンダントを雇ったのだった。因みにもう一人の日本人フライトアテンダントは、TWA（アメリカのトランス・ワールド・エアーウェイ。2001年にアメリカン航空に吸収合併された）でフライトアテンダントをしていた人で、私と彼女はヨハネスブルグのヒルズボローにある南アフリカ航空が契約している1LDKのアパートに住み、1週間おきにヨハネスブルグ－香港路線を交代で飛んだ。当時南アフリカは、アパルトヘイト政策をしいており、それに反対する国々からの飛行場使用許可が下りない為、ヨハネスブルグ－香港間の18時間の長い飛行時間は、アフリカ大陸沖の島国であるセイシェルズ島での燃料補給ストップで中断されるのみであった。

　アパルトヘイト政策の現実は、至るところに見られた。公園の水飲み場やお手洗いは、白人用と有色人種用に分かれていたし、黒人労働者が白人が運転するピックアップトラックの荷台に、まるで家畜のように立ったまま乗せられている光景も数多

く見た。ここで私の頭の中に一つ疑問が生じた。日本人は白人ではない。中国人や韓国人と同じ黄色人種、つまり有色人種である。それなのに何故南アフリカ航空は、日本人、つまり有色人種を雇用したのだろう？　当時の南アフリカ航空には、清掃員を除いては有色人種はいなかった。因みに、1990年代の後半、私は、アメリカ農務省の仕事でアメリカの首都ワシントンから南アフリカ航空の飛行機でケープタウン経由でヨハネスブルグに行ったのだが、そのフライトの殆んどのフライトアテンダントは黒人であった。この私の疑問に答えてくれたのは、当時日立製作所から南アフリカに家族と共に派遣されていた駐在員の内藤さん（仮名）だった。彼曰く、少し前までは日本人も有色人種として差別されていたのだが、ある時、国を挙げての大きなレセプションに商社の副社長か誰か所謂「お偉いさん」が招かれたそうだ。その時、彼は末席に座らされて、あまり歓迎されなかった。これに怒った「お偉いさん」は、そっちがそういう態度なら、以後我が商社は南アフリカと取引をしない、と言ったそうだ。その商社は超大口の取引相手だった為、南アフリカ政府は、以後日本人を「Honorary White」（名誉上の白人）として受け入れると決めたそうだ。因みに、この時日本人のみが「名誉上の白人」と称されることになった訳で、他の黄色人種である中国人や韓国人等は、依然として有色人種として差別されていた。

ヨハネスブルグは、年間を通じて穏やかな春のような気候で
とても過ごしやすく、フライトのない休みの日には、歩いて近
くのショッピングモールに行ってウインドウ・ショッピングや
ランチを楽しんだり、ショッピングモールの近くにあった（公
共）図書館に行って南アフリカの歴史の本を読んだりしていた。
因みに、私は、南アフリカでは服を買うことがなかったと思う。
私の好みやサイズにあうものがなかったのも理由の一つだが、
１週間おきに行く香港では私の好みにあった服を安く買うこと
ができたからだ。

　私達が住んでいたアパートの別のフロアに日立製作所から単
身赴任でヨハネスブルグに派遣された佐藤さん（仮名）という人
がいた。この佐藤さんを通じて私達は内藤さん一家やヨハネス
ブルグに住む他の日本人数人を知るようになり、皆でテニスを
楽しんだり、内藤さんのお宅で「希少な」和食を頂いたりした。

　当時のヨハネスブルグは夜の独り歩きができるくらい安全な
場所だった。後に米国農務省の仕事で再び南アフリカを訪れた
時のヨハネスブルグの変わりようには、大変驚かされた。私が
以前住んでいたヒルズボローは、麻薬、窃盗、殺人等の凶悪犯
罪が横行していてとても危険なので近くに行くことすらできな
い状態だった。

　南アフリカは南半球に位置し、一般に温暖な気候で自然豊か

な美しい国だ。私は、フライトアテンダントの訓練として幸運にも南アフリカの主な都市を訪れることができた。ダーバン、ポートエリザベス、ケープタウン、ウィントフック（現在は独立国ナミビアの首都だが、私が南アフリカにいた時は、ナミビアは南アフリカの一部だった）等。

　アフリカといえばサファリ。ある日の休日、私は南アフリカ航空の同僚のヨハン（仮名）の案内で、南アフリカ最大のサファリであるクルーガー国立公園を訪れることになった。内藤さんの長女みどりちゃん（仮名）（当時小学6年生ぐらいだったと思う）も同行した。ヨハンの両親の家はクルーガー国立公園近くにある為、私達は彼の両親の家に1泊し、翌日クルーガー国立公園へ行く予定をたてた。ヨハネスブルグからヨハンの運転で数時間走ったところでヨハンが車を停めた。あたりは建物など全くないサバンナ。ヨハンは、私達に友達を紹介するから車から降りて、付いて来るように言った。私達は半信半疑でヨハンに付いて行くと、目の前に、首長族の黒人女性3人と幼児が現れた。女達は首に輪を幾つもして人工的に首を伸ばしている。また、耳も何かをはめ込んで耳たぶを異様に大きくしたのだろうか、耳たぶは肩の近くまで垂れ下がっていた。ヨハンは、何語なのだろうか、私の知らない言葉で彼女達と楽しそうに話をしていた。因みに、南アフリカの公用語は、アフリカーンズ

である。これは、オランダ語と非常によく似ている。南アフリカがオランダの植民地だった頃にできた言葉だろう。その後、南アフリカは英国の植民地になった為、英語は殆どの場合通用する。しかし、この女達が話しているのはアフリカーンズでも英語でもない。ここでは、一言に黒人と言っても、様々な部族があり部族ごとに、言葉が異なるということだ。えー、これが本当に言葉なのと思うような、舌を上顎につけて素早く離す時に出る音を使った「クリック・ラングエージ」というのもある。

　ヨハンの両親の家は、『ポツンと一軒家』に出てきそうな、大草原に一つだけ建っている家であった。ポータブル発電機があったように思うが、夜は蝋燭をともしたように記憶している。晩御飯は、ヨハンの母親の作った肉料理で、父親は南アフリカ産の赤ワインを美味しそうに飲んでいた。

クルーガー国立公園の入り口で記念撮影をしただけで直ぐヨハネスブルグに帰る

　しかし、その夜の３時頃、みどりちゃんと私は、ヨハンとお母さんの話し声とすすり泣きで目を覚ました。なにが

起こったのだろうとみどりちゃんと話していると、ヨハンが部屋に入って来て、お父さんが心臓麻痺で亡くなったと告げた。つい数時間前まで一緒に楽しく会食していたヨハンのお父さんが死んでしまうとは、人の命のはかなさを実感した。ヨハネスブルグの友達に連絡して迎えに来てもらうとヨハンに言うと、自分が車で君達をヨハネスブルグまで送り返すと言い張った。朝、私達はクルーガー国立公園のゲートまで行き、公園内には入らず、ゲートの前で写真を撮り、ヨハネスブルグに帰った。

　1976年6月16日、ヨハネスブルグの外れにある黒人住居区であるソウェトで、大規模な反政府デモが起こった。丁度その時、私はフライトで香港に来ていたのだが、機長をはじめとするフライトクルーの間では、ヨハネスブルグで暴動が起こったので、このままヨハネスブルグに戻ることはできないのではないかという懸念の声が上がっていた。この反政府デモは、その後更にエスカレートして行ったが、アパルトヘイト政策が完全に撤廃されたのは、1991年だった。

米国ボストン大学で猛勉強
ジャーナリズム学士号を取得

　南アフリカ航空で働いて1年弱経った時点で、私はアメリカ

の大学に行くことを真剣に考え始めた。この頃私は、ワシントンポストのジャーナリストであったボブ・ウッドワードとカール・バーンスタインがウォーターゲート事件について書いた『All the President's Men』という本を読んで、「ペンは、剣よりも強し」とは正にこのことだと感動し、アメリカの大学でジャーナリズムを学ぼうと決めた。因みに、現在のウッドワードとバーンスタインは超急進派思想を持ち、ジャーナリストの真髄である客観的に物事を見てレポートするということができない、ジャーナリストの風上にも置けない者達に変わってしまった。

　南アフリカ航空を退職した私は、短期間の川越での滞在を経て、1977年の５月上旬、アメリカ合衆国マサチューセッツ州のボストン市郊外にあるローガン空港に降り立った。

　ボストンには、ハーバード大学やマサチューセッツ工科大学（MIT）を始め、100以上の大学がある（注：ハーバードもMITも実際はケンブリッジにある）。アメリカで一番古く由緒ある音楽学校であるニュー・イングランド・コンサバトリー・オブ・ミュージック（New England Conservatory Of Music）もある。因みに、小澤征爾が指揮を務めた、ボストン・ポップスやボストン・シンフォニー・オーケストラのボストン・シンフォニー・

ホールもこの音楽大学の近くにある。私は初めてボストンに来た時、この音楽学校の近くにあった古いタウンハウスの一部屋を２か月間借りて住んだ。このタウンハウスの他の住人は全て音楽学校の生徒で、何度か彼らが開いたフリーコンサートに誘われた。

　この時点で、ボストン大学のSPC（School of Public Communication）に入ることが決まっていたのだが、授業が始まる９月まで英語をブラシュアップする為、英語の夏期講習を受けた。そして９月、レイバー・デイ（勤労感謝の日）明けにいよいよクラスが始まった。

　私はできるだけ多くのクラスを取り、単位を早く取ることに専念した。ここまで色々と寄り道してきた私は、同学年の人にかなり遅れをとっていたので、通常４年間で習得する学士号を３年間で取りたかったからである。その中で、私が最も印象に残る科目は、News Report Writing 101。このクラスを教えたのは、現役の『ボストン・グローブ』紙のレポーター。初めの課題は、新聞に載せるObituary（死亡告示）の書き方、その後、事件の書き方に進む。逆三角形型レポート（最も重要なことや結論を頭にもって行き後は内容を掘り下げながら説明を加えて行く書き方）、4W（Who, What, When, Where）と1H（How）は必修事項。ニュースは、客観的に報道すべきであることを繰り返し

繰り返し言われた。これに比べ、現在（2020年）の所謂ジャーナリスト達は、主観的な報道やフェイク・ニュースを書きまくっている。アメリカのジャーナリズムは、死んだ。

　私の住まいは、煉瓦造りの古い３階建てのタウンハウス。ボストン大学を貫くコモンウェルス・アヴェニューから徒歩10分という便利なところに位置する。ここは、男性禁止のシェアハウスで、常時７〜８人の女学生が住んでいた。私がいた時は、アメリカ人３名、タイ人１名、イラン人２名、日本人は私を含めて２名と、国際色豊かなシェアハウスだった。

　私は、２年目に大学の図書館でID（身分証明書）チェックのアルバイトをしたこと以外には仕事はせず、勉強に打ち込んだ。そんな中での唯一の楽しみは、マクロ・エコノミクスのクラスで友達になったベトナム人の女の子ヴィーと、ダウンタウンにあるファイリーンズデパートの地下で値引きされた服を買いに行くことだった。ここでは、日が経つごとに値引き額がどんどん増える。そこで買いたい服を見つけたら、それが売れてしまわないことを祈って待つと、75〜80％の値引き額で買うことができるのだ。因みにヴィーは、ベトナム戦争後にお姉さん家族と従兄弟と一緒にベトナムからボートで逃げ出した、所謂ベトナムのボート難民だ。両親は、高齢の為ベトナムに残ったそ

うだ。ヴィーは、大学から徒歩30分ぐらいのブルックライン にある古い木造建築の２階に、お姉さん家族と従兄と一緒に住 んでいた。とても気さくな家族で、遊びに行くと必ずご飯を食 べて行きなさいと言って、ベトナムの家庭料理をごちそうして くれた。ヴィーはボストン大学卒業後、会計士の資格を取りボ ストン市役所で働くことになった。

　私は夏休みも返上して夏期講習を受け単位を取りまくった お蔭で、３年目の春にはインターンシップを残して全ての科 目を取り終えた。SPCのカウンセラーと相談の上、インターン シップは、首都ワシントンにあるナショナル・ジャーナリズム センターで行い、全て単位を取り終えた私は予定通り３年間 でジャーナリズム科の学士号を取得した。更に、Summa Cum Laudeという成績最優秀賞を獲得して卒業することができた。

様々な場所でひたすら走った私のジョギング歴

　ここで、一言私のジョギング歴について触れておきたい。私 はボストン大学に通っていた頃から、運動不足解消の為ジョギ ングを始めた。走ることは、靴にお金がかかるだけで他に特別 な道具を買うことがない為安上がりだ。ボストン大学はチャー ルズ川の川沿いにある為ボストン大学側の川沿いを走り、橋を

渡ってマサチューセッツ工科大学側の川沿いを走るループがお決まりのコースだった。

　その後、ワシントンにある農務省の本省で働いている時には、インデペンデンス・アヴェニューにある農務省から14番通り橋を国防総省に向かって渡り、ポトマック川の反対の川沿いにあるマウント・バーノン・トレイルを走り、アーリントン記念橋を渡り農務省に戻るという約8マイル（12.8キロ）のルートを昼休みに同僚と走るのが日課であった。

　ある時いつものように同僚とお決まりのコースを走り農務省近くまで来た時、ブッシュ大統領が乗ったリムジンがホワイトハウスから国会議事堂があるキャピトル・ヒルに向かっていた。当然のことながら、大統領の車列が通り過ぎるまで道路は一時的に封鎖されてしまうので、私と同僚は汗だくのジョギングウェアのまま大統領の車列を見ていた。するとブッシュ大統領がリムジンの中から私達を見て、「いいね」のサムズアップのサインをして見せた。

　また、こんなこともあった。ある時、ブッシュ政権で副大統領を務めた、ダン・クエール副大統領の夫人がメインスポンサーの乳癌撲滅のランニングイベントがワシントンで開かれ、

私も友達のキャサリーン・ヘグニーとアンナ・オルテガ（仮名）と一緒に参加した。来賓挨拶の後、私達は一斉に走り出した。このイベントには、走者だけではなくウォーカーも参加している為、コースはさほど長くない。

　まず、インデペンデンス・アヴェニューをキャピトル・ヒルに向けて走り、坂を上りきったところで１番通りを左折してコンスチチューション・アヴェニューに沿って坂を下りリンカーン記念堂の方角に向かうというものである。私達は、インデペンデンス・アヴェニューの航空宇宙博物館あたりまでは一緒に走っていたのだが、坂に差し掛かったところでアンナが遅れだした。私とキャサリーンは、そのまま坂を上り、左折しスピードを上げた。すると、私達の目の前に道幅いっぱいに走る５〜６人の大男達がいた。私は、なんだ、こいつら邪魔だ邪魔だとばかり、男達の間を手でかき分けるようにして走り抜けた。キャサリーンが付いてこないので変だなとは思ったのだが……少したって、キャサリーンが追い付いて来て、私に「恵美子、自分がなにをしたか分かってる？　今のは、クエール副大統領とシークレットサービスの護衛の男達だよ」と言った。

　私は、1992年の夏、外交官としての最初の勤務地となった香港でも走り続けた。週日はお昼休みにアメリカ総領事館（香

港島の中環地区に位置する）からピーク（正式名称はヴィクトリア・ピーク。香港島の西部に位置する標高552メートルの山）に出る歩道を走り、週末は、領事館職員の宿舎のある壽臣山（Shousan Hill）から深水湾（Deep Water Bay）まで降り、そこから香港島を反時計回りに浅水湾（Repulse Bay）を通り赤柱（Stanley）でU-ターンして壽臣山に戻るコースをよく走った。

　私のジョギング趣味は、2018年に右股関節置換手術をし、ドクターストップがかかるまで続いた。やはり歳には勝てないもので、私の右股関節の軟骨がすっかり擦り減ってしまった為、手術を余儀なくされた。医師から、早歩きは良いが走ることはやめた方がよいと言われ、私はジョギングを引退。以後、ウォーキングとサイクリングに専念することになった。

走りに走り続けた「ジョギング中毒」時代

首都ワシントンで翻訳・通訳のアルバイト

インターンシップを終えた私は、確か日米協会ワシントンの人の紹介だったと思うが、デイビッド・ゴードンさん（仮名）という日本語がペラペラなアメリカ人に出会った。彼は、1918年に1歳の時両親に連れられて日本に行き、日本の学校教育を受けた。大学は現在の東京大学の前身である帝国大学を卒業し、第二次世界大戦中単身アメリカに戻って来たそうだ。私が会った時、ゴードンさんは、アメリカ法務省の独禁法違反部で翻訳の仕事をしていた。色々話していると、ゴードンさんは今、ある翻訳プロジェクトを任せられたのだが、人手が足りない状態なので、翻訳の手伝いのアルバイトを3か月間程してみないかと言った。願ってもない良い機会なので、やってみることにした。ゴードンさんのスタッフは、私を含めて3人。韓国人だが日本語が私などより数倍も堪能な、キムさん（仮名）とアメリカ人の夫を持つグローバー・房恵さん（仮名）。房恵さんは、後に駐日アメリカ大使の専属通訳となる。私は、後に東京赤坂のアメリカ大使館に勤めた時房恵さんと再会することになった。

法務省での翻訳プロジェクトが終わりに近づいた頃、確か房恵さんの紹介だったと思うが、ギャラクシー・インターナ

ショナルという小さな翻訳・通訳会社を知り入社する。ギャラクシー・インターナショナルは、小さな会社ではあるが、VIPの通訳の依頼が頻繁に入った。そんな中である日、（日本）全国農業中央組合（全中）のグループの通訳をするという仕事が入った。当時、牛肉とオレンジの貿易自由化の交渉がヒートアップしている時で、私は全中代表者とアメリカ農務省の役人との貿易交渉の通訳を務めた。私は、大学でジャーナリズムをメジャーとしていたが、経済学をマイナーとしていたので、貿易交渉にはただ単に通訳をするということ以上に興味がわいた。交渉最終日の晩、アメリカ農務省の主催でレセプションが開かれ、それが終わろうとしている時、私はその席にいたアメリカ農務省の役人に貴方のような貿易交渉をする役人になるにはどんな資格が必要なのかと尋ねた。彼は、農務省の中でも、海外農業局（FAS）という部署で働く者で、海外農業局に入るには、（1）大学で農業経済学の修士号を持つこと（2）経済学を一定の時間以上学んだ者（3）英語以外の外国語ができること（4）農業経験があることをあげた。

　この時、私は、（2）ボストン大学で経済学をマイナーとしていた（3）日本語（4）農業キブツで働いていたので、4つの内、3つの条件は満たしていたが、一番目の条件は欠けていた。そこで、ワシントンの近郊に立地していて農業経済学部を持つ大

学を調べメリーランド大学に行き着いた。その年の秋、私は、メリーランド州カレッジパークにあるメリーランド大学の農学部農業経済学科の大学院生になった。そこで私は3年間みっちり農業経済学を学んだ。私の修士論文は、桐の需給と貿易に関するものだった。

この間、私は、リーダーズ・ダイジェスト（アメリカの総合月刊誌）の編集部で働くアメリカ人と知り合い1983年に結婚をする。しかし性格の違いから1988年に離婚する。離婚当時私は、妊娠4か月だった。1989年2月18日、私は、無事女の子を出産しステファニーと名付けた。ここで私はシングルマザーとなった訳だが、ステファニーが生まれたのは、私が既にアメリカ農務省海外農業局に入局して3年目になろうとしていた時である。当時のアメリカの国家公務員には、育児休暇が与えられていなかったので、貯めておいた有給休暇（当時は隔週4時間の有給休暇が与えられた）を使い、私は出産6週間後に職場復帰した。私が仕事をしている間、ステファニーは、近所の個人経営の保育所に預けられた。因みに、「ジョギング中毒」だった私は、妊娠8か月までワシントンの官庁街を1日5マイル（8キロ）走り、最後の2か月は、YMCAのプールで妊婦用の水着を着て水泳をした。

第 **3** 章

_____

外交官になる夢が叶う

アメリカ農務省海外農業局へ入る為の全ての資格を満たした
私は、入局試験（筆記、面接）を受け、1986年に同局の林産物
部で農業経済専門家として働き始めた。

アメリカで外交官となるには、アメリカ国務省の外交官試験
を受けるのが一般である。この国務省の外交試験は難易度が高
いが、試験を受ける為の資格はないので、誰でも受けることが
できる。幸運にも筆記面接に受かった者は「リスト」にのせら
れ、順番が回ってきた者から採用される。ある一定期間内に順
番が回ってこない時は、全てご破算、また一から外交官試験を
受け直さなければならない。しかし私が入った海外農業局の外
交官ルートは、国務省のそれとはかなり異なる。私達は、まず

ワシントンのアメリカ農務省の本省で、3～4年仕事の経験を
つむ。その後、外交官ルートに進みたい者は海外農業局の外交
官試験（筆記、面接）を受ける。この時、農務省で働いた時の
上司からの推薦状が重要視される。因みに、私達農務省出の外
交官は、各国のアメリカ大使館や領事館の農務部で、農務官や
農務担当参事官として働く。

　私は幸いにも農務省の外交官試験に合格し、最初の勤務地と
して香港を与えられた。

　アメリカの外交官は、任務地を与えられた時点で、国務省直
属のForeign Service Institute（FSI）で、語学訓練をすることに
なる。難易度の高い言語（日本語、中国語、韓国語、タイ語、ア
ラビア語、ロシア語等）は10か月間、難易度の低い言語（スペ
イン語、フランス語、イタリア語、ドイツ語等）は半年間、語学
研修を行う。この間、この語学学校の生徒達は、通常の仕事は
せず、FSIで通常の勤務時間と同じように一日8時間（週40時
間）の語学勉強をする。私も、香港勤務を命じられた年の9月
から当時ロザリン（首都ワシントンに隣接するバージニア州の町）
にあったFSIで北京語を学ぶことになった（香港だから広東語の
訓練をさせられるのかと思いきや、海外農業局の上司が、香港の中
国返還が近いのだから北京語を学ばせるべきだと主張した為、私は
北京語を学ぶことになった）。

現在FSIは、ロザリンから北アーリントン（アーリントンも首都ワシントンに隣接するバージニア州の町）に移り、広い敷地は、ちょっとした大学のキャンパスのようである。私が、北京語を学んでいたロザリンのFSIは、スペースが限られていた為アジア諸国の言語を学ぶ教室は、皆同じフロアにあり、休憩室や語学ラボもシェアしていた。そんな環境の中で、FSIでタイ語を学んでいたレイモンド（通称レイ）・パーディと知り合い、1992年の３月に結婚した。レイは、当時アメリカ空軍大尉でタイ王国空軍へ交換パイロットとして派遣されることになっていた。私達のそれぞれの任地は、結婚以前から決まっていた為変えることができず、私達は、その年の夏、香港とバンコクといった別々の任地へ発つこととなった。

最初の赴任地は香港

　私は、1992年の８月に香港のアメリカ総領事館の農産物貿易事務所に副所長として赴任した。住居は、領事館のある香港島の「表面」の真裏に位置する壽臣山である。アメリカ領事館の大半の職員は、この壽臣山にある職員宿舎に住む。因みに総領事と各部署のヘッドは、ヴィクトリアピークに住んでいた。私達の家は、3LDKで裏側には、かなり大きなバルコニーが付いており、そこからは、当時香港最大のテーマパーク（後

外交官としての最初の赴任
地香港

家のバルコニーからは、
オーシャンパークが一望できた

に、香港ディズニーランドができるまで）と称された、オーシャ
ンパークが一望できた。また、この職員宿舎には50メートル
プールと子供の遊び場もあった。

　この時、3歳になった娘のステファニーは、Parkview Inter
national Preschool（PIPs）に入園することになった。初日、ス
テファニーは、他の園児と一緒にPIPsの「幼稚園バス」に

乗ってPIPsへ向かった。その日は、初日とあって、父兄の多くがPIPsまで自分の車で先回りして行って子供達が無事に通園できたかを見守っていた。私も、そんな父兄の一人であった。しばらくすると、ステファニーが乗ったバスが到着し、園児が一人一人バスから降りてきたのだが、ステファニーの姿はまだ見えない。どうしたのかなと思っていると、彼女は、一番最後に可愛い男の子と手をつないで降りてきた。あれまあ、早々にボーイフレンドを見つけたようだ。彼の名前はラリー（仮名）。ラリーのお父さんは、コカ・コーラ社のアジア太平洋地区の副社長であった。

PIPsや後にステファニーが小学1年生として通ったHong Kong International School（HKIS）は、各国の領事館の子供達や香港に住む国際スケール企業のお偉いさん方の子供達が行く学校だということで、子供の誕生日会も私達下々のものとはスケールが異なり、3歳児や4歳児の誕生日会を一流ホテルの舞踏会場（ボールルーム）で大々的に行うのである。因みにステファニーの誕生日会は、自宅で数人の友達を招いて細々と行った。ところで私がステファニーの成長を記録する為に彼女が1歳から14歳になるまでやってきたことが二つある。一つは彼女の誕生日に23個のカップケーキを焼き、そのひとつひとつの上に「HAPPY BIRTHDAY STEPHANIE ◯◯（歳の数の数

娘ステファニーが誕生日に
同級生に配るカップケーキ

字)」をデコレーション用のキャンディーで書くことだ。ステ
ファニーは、毎年誕生日の日にそのカップケーキを学校に持っ
て行ってクラスメイトとシェアするのを楽しみにしていた。因
みにクラスの人数が23人以上の場合は、勿論人数分のカップ
ケーキを持たせた。二つ目は毎年クリスマスの日にステファ
ニーの写真を撮りその写真をクリスマスカードの真ん中を切り
抜いてできた穴にはめ込んで、クリスマスツリーに吊り下げる
オーナメントを作ることだ。ということで、我が家のクリスマ
スツリーには他のオーナメントに混ざって１歳から14歳まで
のステファニーの写真が飾られる。

　香港には、多数のフィリピン人メイドが働いている。その数
は、当時10万人と言われていた。彼女らは所謂出稼ぎ労働者
で、本国のフィリピンに家族を残して香港で働いている者が多
い。だから、週１回の休みの日には、スターフェリー（香港島

と九竜半島をつなぐフェリーボートの波止場）の近くの公園に集まり、友達同士で一日中お喋りに明け暮れる。私の家で働くことになったメアリー（仮名）も、そんな一人であった。メアリーは、フィリピンの大学で教育学を学んでいたそうで、私の家に来る前は、中国人の家で７年間メイドとして働いていた。フィリピンには銀行に勤める夫がいるが、前の中国人の雇用者の家で働いていた７年間、家に仕送りをし続けてはいたものの、一度もフィリピンへは帰っていないという。そんな事情を不憫に思った私は、その年のクリスマスに、香港－マニラの往復航空券をプレゼントした。メアリーは、クリスマスをフィリピンで過ごし、翌年早々香港に戻って来ていつも通りステファニーの世話と家事の手伝いの仕事に従事した。

　しかし、３月に入ったある日、自分が妊娠していることを告げた。妊娠した者を解雇することは、香港の労働基準法で禁止されている。そこで、私は、メアリーに妊娠６か月まで働いてもらい、その後彼女をフィリピンへ返すと決めた。メアリーも私の提案に同意したのだが、お金がいるので、出産後４か月で、また香港に戻り働きたいと言い張った。子供の面倒は、夫の両親が見るとのことである。後に、メアリーのような事情を持つフィリピンの所謂OFW（Overseas Filipino Worker　フィリピン人海外出稼ぎ労働者）が、数多くいることを知った。因みに、OFWがフィリピンの身内に送るお金は、フィリピンのGDP（国

民総生産高）の10％程も占めると言われており、フィリピンの最大輸出項目である。

アメリカ大使館や領事館では、普通週に一度、各部署のトップを集めて、大使或いは領事の前で各部署のその週の活動や予定などを話し合うカントリーチーム・ミーティングが開かれる。ある時、私の部署の所長が不在だった為、私がカントリーチームに出席した。チームメンバーは、私を除いては全て中年男性。すると、情報文化部の部長が、ジョン・ボン・ジョヴィという歌手が、総領事に表敬訪問をしたいと言ってきているのですがどうしましょうか？　と切り出した。総領事を始め、中年男性で構成されているカントリーチームメンバーは、ジョン・ボン・ジョヴィの歌を聞いた者は一人もおらず（恥ずかしながら当時、私もジョン・ボン・ジョヴィを知らなかった）ジョン・ボン・ジョヴィとはいったい何者かということになり、得体の知れない者なので表敬訪問リクエストは却下するという結論を出してしまった。

世界各国のアメリカ大使館や領事館の中にある領事部の仕事の一つに、アメリカ国民に対する様々なサービスを行うことがある。例えば、旅行中にパスポートを紛失したアメリカ人に臨時パスポートを発行したり、旅行中の国で罪を犯し投獄された

セントジョンビルディング17
階のアメリカ総領事館農産
物貿易事務所のオフィスで

アメリカ人を訪問したり、運悪く旅先で死亡したアメリカ人の
家族に連絡をとる等々。緊急事態は、領事部の開いている時間
に起こるとは限らない為、領事部以外の職員が交代で、当直士
官として夜間や週末をカバーする。私が初めて当直士官となっ
た時は、パスポートを損失したケースが数件、アメリカ海軍の
船員が船に乗り遅れたケースとバンコクから香港へ行くタイ航
空機内で、アメリカ人の乗客が、自分は時限爆弾を太股に埋
め込んでいると言って乗務員を脅したケースがあった。因みに、
このアメリカ人の乗客は、精神病患者で、香港のカイタック空
港（1998年7月6日に閉鎖）に着き次第、精神病院に搬送された。

　私が香港を去る1995年は、香港が中国に返還される2年前
であった。中国政府は「一国二制度」を打ち出したが、香港人
の多くは、中国の共産主義政権が香港を抑えつけるのは時間の

問題だとして英国、オーストラリア、アメリカへ移民した。私の事務所で働いていた者も２名、家族でアメリカへ移民した。

　ここで、一言付け加えておくべきことがある。それは、私の赴任地は香港であったが、当時ポルトガル領であったマカオも管轄していたことだ。マカオは、香港からターボジェット・フェリーに乗って１時間弱のところにあり、当時の主な産業は、カジノと観光。私の所属するアメリカ農産物貿易局にとってマカオは大きな市場とはいえなかった為、数か月に１度程の割合でアメリカ農産物のプロモーション活動を行いにマカオに行く程度だった。

夫の赴任地バンコクへ頻繁に訪れる

　私が香港に派遣された時、夫のレイは、タイ王国空軍への交換パイロットとしてタイのバンコクへ派遣された。ということで、私達は、２週間おきにバンコクと香港の間（飛行機で片道２時間45分程）を行き来した。

　バンコクへ頻繁に訪れたものの、私はタイ語を話せない。レイと共に市場で買い物をしたり、レストランで食事を注文する時、お店の人は決まって東洋人の顔の私に話しかける。私が何

を聞かれたのか分からないできょとんとしていると、青い目をした白人のレイが流暢なタイ語で返答する。お店の人は、どうして白人がタイ語が話せて東洋人が話せないのか理解できない様子で、私にまた話しかけるということが何度もあった。

　レイの仕事は、タイ王国空軍の大型貨物輸送機であるC-130航空機のパイロットを訓練することだった。タイ王国空軍の規則は、アメリカ空軍のそれよりルーズなところがあり、空軍の将校の奥さんや家族が飛行訓練中の飛行機に乗り込んで、タイの地方の町に買い物に行くことができた。レイの両親と叔母さん夫婦がバンコクへ遊びに来た時には、マイクロバンをC-130機に乗せ、バンコクからチェンマイ（タイ北部の町）まで飛行し、チェンマイ近郊やゴールデン・トライアングル（タイとミャンマーとラオスの３国が国境を接するメコン川沿いの一帯）を、

タイ王国空軍のC-130機の
コックピット内で

マイクロバンに乗って観光した。更に、レイの両親と叔母さん夫婦は、タイマッサージをする為に、マレーシアとの国境に近い町ハットヤイにレイの操縦するC-130機に乗って行った。

　香港とタイでの別れ別れの勤務が2年目に入った頃、私達は、次の任地を決める入札をしなければならなかった（次の任地の希望を出すことをbid（入札）という）。私は東京のアメリカ大使館農務部の農務官が第1志望、レイは横田基地を希望した。これが叶えば私達は一緒に住めると、期待を膨らませたのだが……ことは、そう簡単には運ばなかった。私の東京行きが先に決まった時、レイにメリーランド州にあるアンドリュース空軍基地のVIPを扱う部隊（Air Force One と Air Force Two）の面接に来るようにという指令が来た。彼は早速ワシントンに飛び面接をし、面接に受かってしまった。ということで、私達は、ま

レイが操縦するAir Force Twoの前で記念撮影

たまた別々の任地で仕事をすることになってしまった。

　因みに、Air Force Oneというと、あのスカイブルーと白の
ツートーンカラーに塗られたボーイング747機を思い浮かべる
と思うが、それは間違いで、正式にはアメリカ大統領が乗って
いる飛行機が機種を問わずAir Force Oneと称され、副大統領
が乗っている飛行機がこれも機種を問わずAir Force Twoと称
される。

東京アメリカ大使館に農務官として赴任

　1995年の夏、私は東京のアメリカ大使館農務部に農務官と
して赴任した。娘のステファニーは、調布にあるアメリカン
スクール（ASIJ）の１年生となった。私達の住まいは、大使館
から徒歩で10分程のところにある大使館職員宿舎。そこには、
３棟のタワーマンションが建っており、体育館、カバー付きの
プール、テニスコート、子供の遊び場、売店などもある大使館
職員の住宅団地である。

　アメリカ大使館での農務官としての任期は３年間であったの
だが、ワシントン－東京間の長距離結婚には、やはり些か無理
があるということで、私は東京に赴任して１年余り経った頃、東

京での任務短縮願いを提出し、ワシントンに戻ることになった。

　ワシントンの本省に戻った私は、海外農業局の中の国際貿易政策部で働くことになった。当時ロシア、ウクライナ、中国等が、WTO（世界貿易機構）への加入申請をしており、私達は、これらの国々がWTOに加入した際の農産物貿易に及ぼす影響等について調査していた。ワシントンに戻って２年目に今度はレイがTDY（長期出張）で１年間パナマに行くことになってしまった。時を同じくして、私が働く農務省海外農業局で東京の海外農業局の販売促進部門である農産物貿易事務所（ATO）での１年間のTDYをする者を募集していた。私は、即応募。日本語が既にできるので語学訓練を必要としない私は、再び東京に一時赴任をすることになった。

再び東京に赴任

　私が東京の農産物貿易事務所に赴任した1998年、マレーシアのクアラルンプールでAPEC（アジア太平洋経済協力会議）の閣僚会議が開かれた。当時のアメリカ大統領ビル・クリントン氏を筆頭に、農務長官、商務長官、アメリカ通商代表部大使、財務長官、上院議員数名がAPEC会議の帰りがけに東京に立ち寄った。東京のアメリカ大使館の職員は、このVIPグルー

プの受け入れに忙しく働いた。私もマックス・ボーカス上院議員（モンタナ州民主党）のコントロール・オフィサーとして駆り出された。ボーカス上院議員は、日本のある議員のオフィスを訪れた後、クリントン大統領のスピーチが予定されていたホテル・ニューオータニにタクシーで直行した。

　ホテルに着くと、上院議員のスタッフが議員をスピーチが行われる会場に案内した。私もその後に付いて行ったのだが、人ごみの中で議員を見失ってしまった。その間にスピーチは始まってしまった。スピーチが終わりに近づいた頃、そこにいた護衛の人に「私はボーカス議員のコントロール・オフィサーだが、議員を探している」と言ったら、ステージの裏側の出口の外に止まっている車の中で待っているようにと言われた。そこで私は、言われた通りステージの裏口から外に出て、そこに止まっていた白いバンに乗り込んだ。しばらくすると、私の乗っているバンに、農務長官、商務長官、アメリカ通商代表部大使、財務長官が乗り込んで来た。えー、これって閣僚のバンだと気がついた時には、バンは既に大統領が乗っている黒塗りのリムジンの後ろを走り始めていた。ホテルからアメリカ大使館までは、そう遠くないのだが、この時の私には、かなり長い時間、バンに乗っていたように思えた。大使館に着くと、クリントン大統領が、大使館の玄関口で待っていてバンから降りてきた閣僚一人一人を出迎えている。私は、行く場所を失ったので

仕方なく、閣僚達の最後尾に付いて行き、クリントン大統領と握手し大使館内に入った。あの時クリントン大統領は、この女はいったい何者なのだろうと思ったに違いない。

　ここで、一言アメリカのキャリア官僚と政治任命官について触れておきたい。キャリア官僚は、一般に、政権が変わってもポジションは変わらない。しかし、政治任命官は、政権が変わるごとに入れ替わる。通常日本を含む所謂「主要国」に任命されるアメリカ大使は、政治任命官である。もちろん各省の長官、副長官や省の中の各部署のトップも通常政治任命官だ。政治任命官が一口に悪いとは言えないが、一般に経験が浅く、たまたまその時権力を持つ党の支持者だった為高い地位にいる者で、鼻持ちならない者が多い。

　私が東京の農産物貿易事務所に赴任した時は、クリントンの民主党政権であった。この時の私の上司は農務参事官のジム・クレイトン（仮名）という人だった。彼は叩き上げのキャリア官僚で、高校時代父親の仕事の関係で日本に住んでいたことがあった為、かなり流暢な日本語を話した。人柄も温和で、皆から尊敬される存在だった。

　ところが、ここで、トム・バーカー（仮名）という名の政治任命官が、自分を東京のアメリカ大使館農務部のトップのポジションに任命すべきであるとごねた。トム・バーカーは、母親

が日本人で父親がアメリカの黒人。アメリカ大使館農務部の
トップのポジションは、ジム・クレイトンとなっているが、政
治任命官の要求を無視することができないので、ワシントンの
農務省本省は、このトム・バーカーの為に、東京の農産物貿易
事務所にExecutive Directorというポジションを新設して、ト
ム・バーカーに与えた。この男は、ジム・クレイトンとは正反
対で、傲慢で自信家。かなりひねくれた性格を持っていた為、
皆から嫌われていた。例えば、私の勤務評定をすると言って私
を彼のオフィスに呼び出した彼は、「君の悪いところは、僕を
尊敬していないところだ」と言った。えー、この人本当に馬鹿
なんじゃない。そもそも尊敬とは、強制されるものではないこ
とぐらい子供だって分かるはずなのに。ある時、アメリカ小麦
協会のレセプションに大使館の農務部と農産物貿易事務所のオ
フィサー全員が参加した。貴賓挨拶の後、私達は、日本の農林
水産省の役人や小麦輸入業者など関連業者達との雑談を楽しん
だ。このような場合ジム・クレイトンは、いつも多くの日本人
のコンタクトに囲まれるが、誰もトム・バーカーに近づこう
としない。レセプションからの帰りがけ、トム・バーカーは、
「何故皆、ジム・クレイトンの周りに集まるのだ。彼は白人で、
私が黒人だから？　それともジム・クレイトンの肩書が農務参
事官だから？　もし肩書が問題なら、明日ワシントンの農務省
に連絡して、私の肩書を農務参事官にしてもらうようにする」

と言った。

　後日、ワシントンの農務省本省は、いくら政治任命官といえ
ども、農務参事官の肩書をトム・バーカーに与えることはでき
ないと返答したそうだ。

ワシントン農務省のインド・デスク担当になる

　東京での１年間のTDYを終えて、ワシントンの農務省本省
に再び戻った私は、海外農業局の国際貿易部のインド・デスク
に派遣された。当時の対インド貿易の最大の問題は、国際収支、
所謂Balance of Payment（BOP）（この時インド政府は、国際収支
の赤字を理由に、農産物や一部の工業製品等に輸入規制を設けよう
としていた）。大統領のオフィスを筆頭に、インドの国際収支
問題を扱う各省（米国通商代表部、国務省、商務省、農務省）の
代表は、ワシントン内で、幾多のインター・エイジェンシー・
ミーティングを行った。映画やテレビドラマなどでよく出てく
る、ホワイトハウスのウエスト・ウイングにあるシチュエー
ションルーム（Situation Room）でミーティングをしたことも
あった。インド政府との交渉の為に、私はスイスのジュネーブ
にあるWTO（世界貿易機関）本部へ何度も足を運んだ。

　むろんインドへも数回行った。ここで、インド旅行の際のエ
ピソードを二つ紹介したい。

インドのニューデリーで行われたインドのBOPに関する交渉会議の後、アメリカ通商特別代表部の弁護士の女性とアメリカ商務省で働く女性と私は、折角の機会なので、タージ・マハル（インド北部にある総大理石の墓。ムガル帝国第5代皇帝が1631年に死去した愛妃の為に建設した）の観光に行こうということになった。（ニュー）デリーからタージ・マハルのあるアーグラまでは、電車で4時間弱。距離にして233キロである。午前4時過ぎ、私達は、デリー駅に着いた。駅の構内は、平日の早朝にもかかわらず物凄い人混み。私達は、それをかき分けるようにして列車に乗り込んだ（切符は、予め購入しておいたように記憶している）。私は一等車の窓側の席に座った。そのうちに、電車は夜明け前の暗闇の中をゆっくりと走り出した。すると、ぼんやりと外を眺めていた私の目に、沢山の人々が線路沿いに座り込んでいる光景が映った。外は薄暗かったので、この人達が何をしているのかはっきり分からなかったが、皆かがみこんでいるところを見ると、恐らく神に朝の祈りを捧げているのだろう。インド人は、なんて信仰心が厚い人達なのだろうと感心している間に、外がだんだん明るくなり始め、この人達が何をしているのかが、はっきり分かった。彼らは祈りを捧げていたのではなく、ただ単に、用を足していたのである。後に、インド駐在のアメリカ大使館の同僚に聞くと、線路沿いの村々には、公衆トイレがあるのだが何故か皆、線路の脇で用を足すのだと言った。

ある年の５月中旬、農務省の他の部署で働く同僚二人と一緒に、インド南部に位置する町ハイドロバードに行った時のことである。ハイドロバードは、ニューデリーから南に1587キロに位置する。この旅の目的は、ハイドロバードにある幾つかの著名な農業リサーチセンターを見学することであった。

　私達がハイドロバードの空港に降り立った時、気温は既に40℃近くになっていた。私達は駐印アメリカ大使館が手配してくれた車に乗り込み、インド政府が運営する農業研究所を２か所視察した後に、ICRISAT（International Crops Research Institute for the Semi-arid Tropics）を訪れた。ICRISATは、1972年にフォードとロックフェラー財団が設立したもので、国連食糧農業機関の認証も得ている。

　私達は、ICRISAT内の会議室で、ブリーフィングを受けた後、灌漑の専門家であるICRISATのスタッフに連れられて、現場視察に出かけるべくマイクロバンに乗り込んだ。車は、綺麗に区画整理された畑を貫く泥道を走った。途中でICRISTATのスタッフの、この畑ではこの作物、向こうの畑では異なる作物の研究をしているとかの説明を聞きながら１時間半余り走った後、車は何も植えてない畑の脇に停車した。するとスタッフが、ここで用いられている灌漑様式の説明をするので私達に車から降りるように言った。私達は言われるままに、40℃以上の炎天下の畑の真ん中に立った。すると、スタッフは、車に積

んであった50ページ程もあろうかと思われるフリップチャートを持って来て、畑の真ん中に据え付けた。そして、そのフリップチャートを1枚1枚めくりながら、灌漑様式のながーい、ながーい説明を始めた。日除けが全くないところで、帽子すらかぶっていなかった私達にとって、これは正に地獄。案の定、20分くらい経過した時、私の同僚のジェフ（仮名）が、よろよろと倒れかかった。私は、長身のジェフを慌てて支えた。ここでスタッフのブリーフィングは中断され、私達は即、ICRISTATの事務局に戻った。熱中症を患ったジェフは翌日の晩の飛行機でワシントンに戻った。

対アフリカ農産物輸出問題に取り組む

　インドとの交渉が一段落したところで、私は、対アフリカ農産物輸出問題に取り組むことになり、ガーナ、ナイジェリア、アイボリーコースト、セネガルを含む西アフリカの国々や、南アフリカ、ザンビア、ジンバブエ、ボツワナ、マダガスカル等のアフリカ南部の国々を何度か訪れた。そうした中、2000年5月、アメリカとサハラ以南のアフリカの国々との貿易促進を目的としたAGOA（African Growth Opportunity Act）が設定された。2003年1月、私は、私の上司と同僚と一緒に第2回AGOAフォーラムに出席する為、アフリカ大陸の南東にある

島国モーリシャス共和国の首都ポートルイスに向かった。モーリシャスで、AGOA署名諸国の農業関係代表者との会談終了後、私達はアフリカ大陸に戻り、ボツワナとザンビアの農産物加工工場を訪れた。そして、折角ここまで来たのだからアメリカに帰る前に、ザンビアとジンバブエの国境に位置するビクトリアの滝に行こうということになった。

　ここで一言、私達が宿泊していたボツワナのホテルについて記しておきたい。このホテルの客室に置いてある小さな冷蔵庫には、「外出する時には、ベランダに続くガラスの扉を必ず閉めてください。閉め忘れると、野生のヒヒが部屋の中に入り、冷蔵庫の中を物色します」と書かれた貼り紙があった。確かに、私はこのホテルに滞在中ヒヒが私の部屋のベランダに来ているのを目撃した。

　ビクトリアの滝の滝幅は1.7キロあり、世界一大きな水のカーテンと言われている。私達はホテルの車でザンビアとジンバブエの国境にかかる橋まで行き、そこからジンバブエのタクシーを使いジンバブエ側のビクトリアの滝の入り口まで行くことにした。しかし、ジンバブエのタクシーは、開発途上国によく見られるポンコツ車。走り出して10分もしないうちに、故障してしまった。運悪く、故障した場所には他のタクシーが

走っていなかった為、私達４人はタクシーから降り他のタクシーが走っている場所に出るまでこのポンコツタクシーの後ろを押すことになった。ビクトリアの滝は、私達が苦労して行き着いたかいがあったといえる程、素晴らしいものだった。私の個人的な意見だが、ナイアガラの滝など比べ物にならない程、雄大明媚だった。後に私がペルーに赴任した時に訪れた、アルゼンチンとブラジルの国境に位置するイグアスの滝の美しさに匹敵するものだった。ビクトリアの滝のあるザンベジ川はアフリカ大陸で４番目に長い川だ。

　私達は、その日の夕方ザンベジ川のクルージングをすることにした。カバやワニが沢山いるザンベジ川のクルージングはスリル満点で面白かったが、私が最も感激したのは、真っ赤な夕日が水平線に沈む様であった。あの時の日没は、私の脳裏に未だに焼き付いている。

故障したジンバブエのタクシーをヴィクトリアの滝まで押す同僚達

2001年9月11日の所謂911同時多発テロ事件の時、私はワシントンの農務省本省の5階にある自分のオフィスで仕事をしていた。外が騒がしいので何事かと思い廊下に出てみると、同僚達が同時多発テロで、国防総省が攻撃されたと言っていた。国防総省は、農務省とは14番通り橋を隔てたところにある。窓から国防総省がある方角を見ると黒煙がもくもくと出ていた。ワシントンの官庁街は、家に帰ろうとする者達であふれていた。通勤の為に使う地下鉄、電車、バス等はストップしてしまった為、自家用車で通勤している者が車一杯に自分の家と方角が近い人達を乗せて走っていた。私は、幸運にも運休する一歩手前の乗車人数を大幅に上回った通勤バスに乗り込むことができた。普段1時間余りの通勤時間は、この日は、6時間程かかった。この時レイはというと、アンドリュース空軍基地内の床屋で散髪をしていたそうだ。

　アメリカ農務省の外交官が本省に勤務できるのは、最長7年間と決められている。実際は、殆どの者が本省勤めを2〜3年した後に再び海外に出て行く。この時私は、本省勤め5年目を迎えようとしており、次の任地を模索していた私の目に留まったのが、入札リストに載っている大阪の農産物貿易事務所の所長のポジションだった。この時点で、レイはアメリカ空軍をリタイアしていた。

第**4**章

大阪米国総領事館に赴任する

　2003年、私は、大阪のアメリカ総領事館内にオフィスを構えるアメリカ農産物貿易事務所に赴任した。300人余りのアメリカ人が働く東京の大使館とは異なり、大阪の総領事館のアメリカ人職員の数は、僅か十数名。職員宿舎も大阪より神戸市に近い西宮市の苦楽園にあった。ここは住宅のみで、東京のように他の娯楽施設などない。通勤は、阪急線で苦楽園口駅から夙川駅を経て梅田まで出なければならない。領事館は、梅田駅から徒歩15分程のところにあった。関東出身の私は、関西での生活に初めは違和感を感じた。

　初めての出勤日、夙川駅から梅田駅まで行く阪急線の車内は通勤通学客で混んでいた。関東の電車内は、このような状況の時は、皆黙って電車に揺られているのだが、関西の乗客は皆何

かしきりに喋りまくっている。電車の雑音に混ざって聞こえて
くる関西弁は、どこかの外国の言葉のように聞こえた。しか
し、一旦慣れてくると関西は住みやすい。食べ物は美味しいし、
人々は明るく親しみやすい。また、夏場にスーパーで買い物を
すると買い物袋にドライアイスを入れてくれるといったサービ
スは、関東のスーパーでは見られないことだ。私の朝のジョギ
ングコースは、苦楽園口駅から夙川の川縁を走って西宮港に出
るコースだ。因みに苦楽園口駅付近の川縁には、桜並木があり
４月には、お花見を楽しむ人々で賑わう。週末は、台湾生まれ
の同僚の奥さんとアメリカ総領事館の宿舎から傾斜の激しい住
宅街を通り、芦屋市の剣谷登山口までのウォーキングを楽しん
だ。

　大阪での任期の終わりが僅か２か月足らずになったある日、
同僚の日本人の奥さんが、友達の家で８匹のゴールデンレトリ
バーが生まれたので、もらってもらえないかと言ってきた。今
まで犬を欲しい欲しいと言っていた娘のステファニーに、引っ
越しが多い私達は犬は飼えないと言い続けてきたのだが、一応
見るだけ見に行こうということになった。生後１か月のゴール
デンレトリバーの子犬達は、まるでぬいぐるみのように可愛い。
ステファニーは、８匹の子犬の中から赤いリボンを首に巻いた
雌犬を選び毬藻という名前を付けた。以来、毬藻は、私達と

ぬいぐるみのような毬藻と
出会う

共にフィリピン、アメリカ、ペルーに住み、４か国語（日本語、
英語、タガログ語、スペイン語）が分かる利口な犬に成長した。

マニラ（フィリピン）のアメリカ大使館に
農務参事官として赴任する

　私は、2006年の８月フィリピンのマニラ市にあるアメリカ
大使館に４年任期で農務参事官として派遣された。住居は、マ
カテ地区にある高層マンションORT（One Roxas Triangle）の
ラグーナ塔の17階。所謂3LDKプラス、メイド部屋とメイド用
のバス・トイレとキッチンでかなり広々としているのだが、毬
藻のような大型犬が駆け回ることができる大きな庭はない。毬
藻のトイレは、いちいちエレベーターを使って１階まで降りな

ければならない。普段は、マンションの建っている通りの歩道で用を足させるのだが、雨が降っている時は、ランボルギーニやフェラーリやベンツなどの高級車が沢山停まっているORTの地下のガレージが毬藻のトイレとなった。

　ところで、私のジョギング趣味は、フィリピンでも続いた。しかしながら、私はマニラの高温多湿の気候と空気汚染に耐えられず、ORTの２階にあるジムのトレッドミルの上を走った。ORTのジムは、高級ホテルのジムのようである。トレーナーもおり、予約制だがマッサージを受けることもできる。余談だが、フィリピンはタイと同様に「マッサージ天国」である。私はORTから歩いて５分のところにあったマッサージスパに、ほぼ毎週末通った。そこには、温泉とサウナもあり１時間の全身マッサージを含めてUS＄20であった。

　私は毎朝６時に17階のマンションから２階のジムに行くのが日課であった。私がトレッドミルで走る前のストレッチをしている頃、通常二人の初老のフィリピン男性がやって来る。ある時、ウエイト・マシンを使っていたその中の一人が、「昨日アメリカ大使館のケニー大使と会ってね……」と、その横のマシンを使っていたもう一人の男性と話しているのが聞こえた。この時私は、トレッドミルを終えて彼らの近くでストレッチをしていた。そこで、私はケニー大使に会ったという男性に「ケ

ニー大使は、私のボスです」と言って自己紹介をした。彼は、自分の名前はリチャード・ウン（仮名）で、食品関係の仕事も手掛けているので、今後ともよろしく、と言った。その日、オフィスに行ってその話をしたところ、フィリピン人のスタッフが「彼は、フィリピンの大手スーパー兼デパートであるロビンソンの会長のジェイムス・ウン（仮名）の弟だ。ウン家は、ロビンソン・スーパーマーケットの他、セブー・パシフィック航空やサンセルラー電話会社、ロビンソン銀行も所有しており、他にも畜産業、ペトロケミカル、食品飲料水業にも手を伸ばしている大富豪の家族ですよ」と言った。

　フィリピンは、干潮時のみに現れる島々を含むと、7千余りの島々から成り立っている熱帯の国である。首都マニラがあるルソン島に次いで二番目に大きいミンダナオ島は、イスラム過激派組織アブ・サヤフの拠点があることから爆弾テロ事件や身代金目的の誘拐事件が起きたりで、治安が悪いことで知られている。アメリカ国務省から出されている旅行勧告によると（日本の外務省からも同じような勧告が出されている）、ミンダナオ島の中部以西、特にスールー諸島を含む海岸沿いの地域は最も危険な地域で「渡航中止」（アメリカ国務省のレベル４。日本の外務省のレベル３）とされている。この危険度を表すレベルは、私がフィリピンに滞在していた頃からほぼ変わっていない。し

かし残念なことに、この地域は最も危険な地域であると共に最も美しいターコイズブルーの海と砂浜を持つ地域でもある。私のオフィスのフィリピン人スタッフによると、ミンダナオ島西南に位置するサンボアンガ市にあるグランド・サンタ・クルーズ島には貝殻や微生物によって造られた美しいピンク色の砂浜があるのだそうだ。私は仕事の関係で、島の中西部に位置するカガヤン・デ・オロ市からミサミス・オリエンタル州のメデナまで車で行ったことがあったが、危険度が高い地域ということで、前後に機関銃を持った警備員が乗った車に挟まれて移動した。ミンダナオ島の中部以東の地域の危険度は国務省のレベル３（外務省のレベル２）で「不要不急の渡航は控えること」とされている。しかしジェネラル・サントスやダバオ等の都市の危険度レベルは、国務省の２（外務省の１）で「旅行を再考すること」となっている。私は、ジェネラル・サントスとダバオには、セミナーや現地農園や漁港の視察等で何度も足を運んだ。この地域はマンゴスチンやマンゴー、バナナ、パイナップル、ドリアンなどのトロピカルフルーツの宝庫である。因みに、私は大概のフルーツは好きだが、きつい臭いを放つドリアンだけは好きになれなかった。日本向けバナナを作るバナナ・プランテーションもダバオ市郊外にある。

　私は元々真珠にはあまり興味がなかったのだが、マニラに赴

任して間もなくして大使館の同僚に誘われ、グリーンヒルズ・ショッピングモール内にある真珠専門のお店に行った。グリーンヒルズは、私が住むマカティから北に7キロ程のところにある巨大なショッピングモールであり、偽物本物を問わずありとあらゆる物を売っている。真珠店はその中の一角に位置するのだが、そこには数百の小さな真珠がずらっと並んでいる。淡水真珠からミンダナオ島沖でとれる南洋真珠まで、異なるサイズや色のものが売られている。ここで売られている真珠は本物だが、よく見ると小さな傷や「えくぼ」があったりするものもある。値段は、アメリカや日本の宝石店やデパートで売られている物より格段に安い。家族や友達へのプレゼントとしても最適だ。この時以来私は真珠ショッピングにはまってしまい、フィリピン滞在中グリーンヒルズの真珠店を何度となく訪れた。当然アイシャという好みのお店もできた。アイシャは経営者の名前で、他のお店で働く者と同じくミンダナオ島出身のイスラム教徒だ。

　ところでグリーンヒルズの真珠は安いと言ったが、値段は設定されている訳ではなく「値段の交渉」をしなければならない。この「値切る」という行為もここでショッピングをする楽しみの一つだった。グリーンヒルズで真珠ショッピングをした後は、決まってグリーンヒルズ内のカフェでグリーンマンゴーシェイ

ク（熟していない青マンゴーを使ったミルクシェイク）とハロハ
ロ（かき氷の上にウベアイスクリーム、ナタデココ、トロピカルフ
ルーツ等をトッピングした日本の餡蜜を思い出させるようなデザー
ト）を注文して食べた。

　ここで一言、「値段の交渉」に関する興味深いエピソードが
二つある。
　一つ目は、私がインドとの国際収支問題の交渉でスイスの
ジュネーブにある世界貿易機関を訪れた時のことだった。その
時私は何かスイスらしいお土産を買って帰りたいと思い、会議
の合間にジュネーブ市内のお土産屋さんに行って鳩時計を購入
した。その日の会議終了後、私が鳩時計を持ってホテルに戻る
と、ホテルのロビーでアメリカ特別通商代表部の同僚に出会っ
た。彼は私が持っていた鳩時計の箱を見て、「僕も全く同じ物
を昨日A土産店で買ったよ。君いくら払ったの？」と聞いてき
た。私は、ここは先進国で商品には全て値札が付けられている
ので、彼がなぜいくら払ったのか聞いてきたことを不思議に
思いながら、定価通りの値段（確かUS$290ぐらいだったと思う）
を払ったと言うと、「へー、僕は値切りに値切ってUS$200で
手に入れたよ」と言った。更に彼は、「僕の奥さんは中国人で
ね、物を買う時は場所をかまわずまずは値切ることを鉄則にし
ている。だから僕もどこでも一応は値引きできないか聞いてみ

ることにしているんだ」と言った。

　二つ目は、レイが当時大統領夫人だったヒラリー・クリント
ンと娘のチェルシーをVIP機に乗せてジンバブエへ行った時の
ことである。ホテルにチェックインした後、レイは一人でホテ
ルの外へ散歩に出かけた。道ばたにはジンバブエの土産品を並
べて売る露店がいくつもあった。レイは、その中の一つ、ジン
バブエの広葉樹木材から造られた、動物の彫刻を売っている店
の前で足を止めた。大きなバッファローに雄ライオンと雌ライ
オンが襲い掛かっている、幅60cm・高さ25cm程の彫刻と同じ
くらいの大きさの、サイの木彫りに目を留めた。店の者に値
段を聞くと２つ合わせてUS$500だと言う。これは高すぎると
思ったレイは、仕方なくその場を去ったのだが、ホテルに戻っ
てもあの木彫りのことが忘れられないでいた。そこでジンバブ
エを去る前日、再びその露店に足を運んだ。店員はまたもや
US$500と言ってきたが、レイが、「僕は今US$200しか持って
いない」と言うと、「それならUS$200と今お客さんが着てい
るTシャツをください」と言った。レイが、「でも僕は裸で帰
ることはできないからTシャツをあげるわけにはいかない」と
言うと、店員は「それではUS$200と今お客さんが履いている
ソックスをください」と言った。これで交渉成立。レイは、ジ
ンバブエの２つの木彫り彫刻をUS$200と履き古したソックス

で手に入れることが出来た。果たしてこの２つの木彫りの置物の価値が本当にUS$200だったかどうかはさておき、履き古したソックスで支払ったことは、ちょっとした笑い話として未だに家族や友人達の間で語り継がれている。

愛犬毬藻

フィリピンには、日本人にも人気のセブやボラカイといった美しいビーチリゾートがある。また、フィリピンは、スクーバダイビングをする者の天国である。私の夫のレイはフィリピンでスクーバダイビングにはまり、ダイブマスターの免許まで取った。私は耳が悪いのと閉所恐怖症の為ダイビングはできず、専らスノーケリングを楽しんだ。

私がフィリピンに赴任して３年目の２月、レイと私は、ジンベイザメと一緒に泳ぐことができることで知られている観光地ドンソルへ出かけた。ジンベイザメは、11月から６月ごろまでドンソルの海で見ることができる。ドンソルの海辺の小さなホテルで朝食を済ませた私達は、小船に乗りドンソルの海に出た。海には、既に私達と同じ目的を持つ観光客を乗せた船が何艘も出ていた。各船の先頭には、ジンベイザメを見つける為のスポッターがおり、彼が、「サメを見つけたぞー」と叫ぶと、

ジンベイザメと泳ぐ希少な
体験

船は猛スピードでスポッターの指示するところまで行く。そこ
で、ジンベイザメを発見すると船に乗っていた観光客達は一斉
に海に飛び込み、ジンベイザメと一緒に泳ぐ。10メートル以
上もあろうかと思われる巨大なジンベイザメは、ゆっくりと泳
いでいるように見えたが、実際に一緒に泳ごうとすると、泳ぎ
がさほど得意でない私には追い付けない速さだった。すると、
泳ぎの得意なレイが、私を押すように泳いでくれたので、私は
少しの間ジンベイザメと一緒に泳ぐ一生に一度の貴重な体験を
することができた。

　私の同僚で、以前フィリピンでピースコア（JAICAのアメリ
カ版。もっとも、ピースコアは、故ケネディ大統領の時生まれたも
ので、JAICAの歴史よりずっと長い）のボランティアとして働い
ていた人がいて、その人が私に忠告したことがある。それは、

フィリピン人は、犬を食し、殊に赤い毛色の犬を好むので、毬藻には気をつけるようにということだ。2か月間のホームリーブ（休暇の為にアメリカに一時帰国すること）を終えてマニラに帰って来た大使館員のある家族は、ホームリーブの間にメイドが犬を売ってしまったというケースがあったそうだ。また、この同僚はピースコア時代、村人達が1匹の野良犬を捕まえて来て、焚き火で丸焼きにして食べていたのを目撃しているというから彼の話には信憑性がある。フィリピン人は、レチョンと呼ばれる子豚の丸焼きが大好きだ。丁度、中型の犬と同じくらいのサイズの子豚をお腹から開いて、頭も尻尾もついたまま焼くということで、犬もレチョンの感覚で食するのだろうか？

　毬藻は大型犬だが、どういう訳か他の大型犬は怖くて苦手のようだ。といっても極小犬のチワワみたいのともあまり気が合わないようだ。チワワは、毬藻を見るとキャンキャン吠え立てるからだ。毬藻のベストフレンドは、同じORTに住むビーグルの兄弟のサンバとサンチョだった。家のメイドのデビー（仮名）が、サンバとサンチョの家のメイドと仲が良かった為に一緒に散歩に行くことが多かったからだ。

マニラの交通渋滞

　マニラは、他の発展途上国によくあるように交通渋滞が物凄い。交通規則はあってないようなもので、車線に沿って走ったり、車幅間隔を保って走る車は珍しい。割り込みや警笛を常に鳴らすのは、ごく当たり前のことだ。私は、運転免許証を持っているが、他の大使館の同僚達と同じようにオフィス専属の運転手の他に、フリオ（仮名）という名のお抱え運転手を雇って彼に運転させた。毬藻の行き付けのアニマルハウスと称する獣医は、家から3ブロック程の歩いても行ける距離にあるのだが、普段はフリオの運転で獣医に連れていく。歩けば10分ぐらいのところだが、車で行くとその倍はかかる。交通渋滞が酷い為だ。

　マニラの交通渋滞は普段でも酷いが、台風などで大雨が降ると水はけの悪いマニラの道路は、直ぐ洪水をおこし、交通渋滞は信じがたい程になる。当時私のオフィスはマニラ湾の近くにあるアメリカ大使館内にあったのではなく、金融の中心地のマカテ地区にあった。しかし、私は、毎週火曜日の午前中には、大使館で行われるカントリーチーム・ミーティングに出席する為、大使館へ行かなければならなかった。普段は、大使館までの約16キロの道のりを1時間半ぐらいかけて行くのだが、ある火曜日の朝、雨は降り始めていたものの、たいした雨ではな

かったので、いつも通り大使館に出かけた。しかし、大使館に着いた頃から雨脚が激しくなり、会議が終わってマカテのオフィスに戻ろうとした頃には、道路は川のようになっており、人々は、膝の上まで来ている水の中を歩いている状態だった。オフィスの公用車は、フォードの大型SUV（Ford Expedition）だったので、オフィスの運転手のボビー（仮名）は、まるで水陸両用の車を走らせているような感じでマカテに向かって運転し始めたのだが、洪水と交通渋滞に行く手をさいなまれ、マカテのオフィスにたどり着くのに6時間かかった。

　フィリピンのような所謂発展途上国では、政治不安定の為、クーデターが起きることが珍しくない。私がマニラにいる時にも軍事クーデターが起き、タンクが私の住んでいるORTから数ブロック程のところにあるペナンセラ・ホテルに突っ込み、軍がホテルを占拠した。私は、その日、ケニー駐比アメリカ大使と一緒にフィリピン農務省でのイベントに出席した帰りだったのだが、大使の公用車の中でクーデターのことを知り、急いで家に戻った。

　私のフィリピンでの任期は4年。その中間地点で、ホームリーブと呼ばれる長期休暇がある。私は、2008年の夏、6週間のホームリーブを取ったのだが、毬藻は一人マニラで留守番

ということになった。メイドのデビーは、普段は週末だけ自分の家に帰るのだが、私達が留守の間は家に帰らず、ずっと毬藻の世話をすることになった。という訳で、家賃1か月6,500ドル（約67万円）のマンションは、その年の夏、高級犬小屋と化した。

首寸前のハプニング

　フィリピンの貧困率は、私が滞在していた時で約25％。4人に1人が、貧困層にいるということになる。原因の一つは、人口管理政策がなされていないことだ。フィリピン人の出産率、殊に貧困層のそれは、非常に高い。私が赴任した2006年のフィリピンの人口は、8789万人だったが、任期を終えてフィリピンを発った2010年には、9397万人に膨れ上がっていた。川縁、高速道路の下、電車のガード下等は、ホームレスの家族が集まり住んでいる。オフィスのドライバーのボビーによれば、政府が、ホームレスの為に住宅を建てて与えるのだが、彼らは、それを直ぐ売り払って、また路上生活に戻ってくるのだそうだ。そうしたホームレスの人の葬儀だったのだろうか、道端に置かれた棺の周りに集まり路上葬儀をしている光景を見たことも何度かあった。メイドのデビーは、運転手の夫と3歳の娘と夫の母親の4人でマニラで暮らしていた。彼女の前の雇い主は、日

本から単身赴任でフィリピンに来ていた人で、彼が日本に帰る時冷蔵庫をデビーに残して行った。しかし、デビーは、冷蔵庫をもらったは良いが、電気代が高い為、冷蔵庫の電線は、電源につなげておらず、冷蔵庫は、物の収納ボックスとして使っていた。

　私がフィリピンに赴任中、当時フィリピンの農務長官だったアーサー・ヤップ氏が当時のアメリカ農務長官であったトム・ヴィルサック氏（ヴィルサック氏は現在のバイデン政権でも農務長官を務めている）をフィリピンに招待した。閣僚レベルの訪問となるとアメリカ大使館は、総出で滞在期間のアクティビティを詳細に至るまで計画する。殊に今回は農務長官とあって、農務参事官であった私の責任は重かった。私達は、ヤップ長官のオフィスとコーディネートしながら訪問の目玉活動として国際稲研究所（IRRI）での田植えを計画した。当日、ヴィルサック長官とそのスタッフ、駐比アメリカ大使ケニー氏、私とスタッフの車列は、フィリピン大学に隣接する国際稲研究所に到着した。そこで待ち受けていたヤップ長官との短い会談の後、一行は研究所の外にある田んぼに移動した。ヴィルサック長官とヤップ長官とケニー大使の３人は、田んぼの前の畦道に置いてあった長靴に履き替えて、田んぼに足を踏み入れた。ところが日本の田んぼと違いこの時のフィリピンの田んぼはかなり深

フィリッピンの豚コンベンションでヤップ農務長官（左から4人目）と共にレチョンをカットする

く、ヴィルサック長官は、田んぼの泥濘に足を取られ転んでしまった。ヴィルサック長官の着ていた白のワイシャツは泥だらけになり、ヴィルサック長官は、激怒し悪態をついた。隣でそれを聞いたケニー大使は、「これは大変なことになった。自分は、大使の職を解任させられると思った」といった。帰りの車の中でこの事態を知った私は、私もクビ確実と思った。しかし、翌日、農務省本省から思いもよらぬニュースが入ってきた。ヴィルサック長官の出身地であるアイオワ州の新聞が写真入りでヴィルサック長官の田植えの様子の記事を掲載し、シャツが泥まみれになるまで田植えをしたヴィルサック長官を称賛したのだ。ヴィルサック長官は、これに喜び、大使と私の首は飛ばずに済んだ。

辛抱強い愛犬毬藻

　2010年、私はフィリピンでの4年間の任務を終え、アメリカでの2か月間の休暇を経て次の赴任地であるペルーへ旅立つことになった。ここで一つ問題だったのが毬藻の輸送問題だ。彼女は、生後4か月の子犬の時、単独で関西国際空港からフィリピンに空輸されたのだが、それがかなりのトラウマだったようで、ORTに住んでいた間中、彼女が入って来たケージには全く近寄ろうとしなかった。最も4歳になった毬藻にはそのケージは小さすぎるので新しいケージを注文しなければならなかったのも事実だ。

　2010年の4月、家に大型犬飛行機運送用のケージが届けられた。私と夫のレイは、毬藻があの時を思い出しパニック状態になるのを恐れて、出発の2か月前から、毬藻をケージに慣れさせる為の訓練を行った。訓練といっても、ケージの中に、毬藻の布団を敷き、毬藻の好物のおやつを入れて、彼女がケージへ違和感なく入れるようにしただけだ。

　さて、その時は、とうとうやって来た。この時点で、私の夫のレイは、先にアメリカに帰って私達を迎え入れる用意をしていた。6月5日の明け方メイドのニーナ（仮名）が、毬藻におしっこをさせようと、ORTの周りを散歩に連れ出した（事情

100

があって最後の1年間は、メイドをデビーからニーナに変えなければならなかった）。毬藻がORTの玄関に戻ってくると、私のオフィスのドライバーのボビーがオフィスの車の前で待っていた。ボビーは、毬藻のケージを車に運び込んだ。毬藻は、ドライバーの後ろの席に私と一緒に乗り込んだ。飛行場に着くと、私は毬藻をケージの中に入れ、ケージごと私が押す荷物用のカートに乗せ、デルタ航空のチェックインカウンターでチェックインした。私は、前もって毬藻の搭乗手続きをしておいたので、あまり時間を要することはなかった。

　毬藻が乗る便は、私の乗る便と一緒で、成田とデトロイトを経由して、首都ワシントンのレーガンナショナル空港までいく超長旅だ。私は成田に着いたら毬藻をケージから出してトイレ休憩をさせてほしいと、デルタ航空のスタッフに頼んだのだが、後になって毬藻が成田でケージの外に出ることはなかったことを知った。私が、毬藻と再会したのは、デトロイトの検疫だった。その間毬藻は、飲まず食わずでじっとケージの中で静かにしていた。検疫で一旦ケージの外に出た毬藻に、私がケージの上にテープで貼り付けて置いたドッグフードと水を飲ませようとしたのだが、この先まだ長旅が続くのだろうと思ったのか、毬藻は水を少し飲んだだけだった。トイレにも行こうとしなかった。検疫を済ませ、毬藻は再びケージに入れられ今度は国内線の小さな飛行機の貨物コンパートメントに入れられた。

バージニア州レイク・アナで毬藻と共にカヤックを楽しむ

　デトロイトからワシントンまでは、1時間ちょっと。ワシントンに着くと、毬藻はケージごと大型荷物が出てくるベルトコンベヤーに載せられて出てきた。その後私は毬藻を直ぐケージから出し、レイの大型トラックに乗り込んだ。レイは、空港近くのポトマック川の川沿いにある小さな公園で車を止め、毬藻にトイレに行くようにと促した。毬藻はこの時とばかり長いおしっこをした。なんせ、マニラを出て以来24時間余りトイレに行っていなかったのである。

リマでの暮らし

　2010年8月、私は農務参事官としてペルーの首都リマにあるアメリカ大使館に派遣された。私はリマを拠点として隣国の

エクアドルとボリビアも管轄した。

　ペルーは、南半球の為北半球に位置するアメリカや日本と気候が全く逆になる。ペルーの夏は12月から２月まで、秋は３月から５月まで、冬は６月から８月まで、春は９月から11月までである。ペルーには、熱帯から寒帯気候まで23の異なる気候パターンが存在する。私が住むリマは、基本的には砂漠の為１年を通じて殆ど雨が降らず、気温は常に20度前後である。というとかなり過ごしやすいように聞こえるが、実際は車の排気ガスとアンデス山脈から運ばれてくる砂塵で空気汚染がかなり酷い。家の家具は、１日でも掃除を怠ると埃が積もる為、メイドのイザベル（仮名）は、毎日拭き掃除をする。車も直ぐ埃だらけになるので、洗車屋が至るところにある。私が働く、アメリカ大使館の駐車場にも数人の洗車屋が業務しており、多くの人が利用している。因みに１回の洗車は５ソル（約140円）だった。近所にある大手スーパーのWONGの地下の駐車場にも洗車屋がある。空気汚染は体に悪い。私はここでもフィリピンにいた時と同様外でジョギングすることはできず、家の近くにある「ゴールドジム」のメンバーになり、ジムのトレッドミルの上を走った。空気汚染の為だろうか、私はリマを発つ頃に酷い咳に見舞われ、後にアメリカに帰ってから喘息とMAC（Mycobacterial Avium Complex）と診断された。MACは、バク

テリアがもたらす肺の炎症でアメリカでは10万人に 2 〜 15人がかかるといった病である。私はMACの治療の為抗生物質を 2 年間以上飲み続けたが未だに完治できずにいる。

　前記したように、リマは殆ど雨が降らない為、水は大変貴重である。断水も頻繁に起こる。ある時私のスペイン語の家庭教師が、 1 日の日課をスペイン語で話してください、と言うので事細かく私の日課を説明する中で、朝ジムから帰ったらシャワーを使って夕方仕事から帰って来て夕食の前に髪を洗いながら、またシャワーをすると言ったら 1 日に二度もシャワーをするなんて水の無駄遣いも甚だしい。ましてや髪を毎日洗うなんて信じられない、と言った。

　私の住む家は、ペルーの首都リマの郊外にあるカマチョ地区にあった。リマは、他の中南米の都市と同じように治安が非常に悪い。カマチョの家も高い塀で囲まれていて、表から家は全く見えない。家は、盗難防止報知器が仕掛けてある他、塀の上には電流の通ったワイヤーが張ってある。更に家の外には、警備員が24時間体制で見張っている。アメリカ大使館の警備のパトロールも 4 時間おきに廻って来る。こんなに警備が厳重なのに、近所で強盗に入られた家が後をたたない。全くもって物騒だ。

私が住んでいる住宅街では、殆どの家が犬を飼っている。毬藻のような大型犬が多い。毬藻と同じ犬種のゴールデンレトリバーも沢山いる。ここペルーの犬は、よく吠えるし、闘争心が強い。通常ゴールデンレトリバーは温和な性格であまり吠えない。ところが、私の家の２軒隣の家に飼われていた２匹のゴールデンレトリバーは獰猛で、ある日、毬藻とその家の前を通った時、２匹のゴールデンレトリバーが、少し開いていた鉄の扉から通りに走り出て来て、その中の１匹が毬藻の首を目掛けて襲い掛かった。幸い犬の飼い主が慌ててその犬を毬藻から引き離した為大事には至らなかったが、この時以来毬藻はこの家の前を通ることを嫌うようになった。

　ところで、ペルーには、ペルー特有の毛のない犬がいることを言っておかなければならない。この犬は、ビーグルよりやや小さい中型犬なのだが、体に毛が全くなく、つるつるである。この犬は、インカ時代から人に飼われていたそうだ。私は、レイと、毬藻を連れてアンデス山脈の麓の町に行った時、そこのホテルのオーナーが飼っているペルー犬を見て吃驚した。

　ペルーの治安の悪さは、家に入られる強盗だけではない。レストランで女性のハンドバッグのひったくりがよくある為、ハンドバッグをつなぐ鎖が据え付けてあるレストランが多い。ハ

ンドバッグを椅子の背もたれに吊り下げたり、隣の席に置くことは禁物だ。車の中でもハンドバッグは、外から見えないところに置くのが常識である。私のオフィスで働くアメリカ人の女性がある時、うかつにも彼女のハンドバッグを助手席に置いたまま、運転していた。すると、彼女が信号待ちしていた僅かな時間に、賊がスパークプラグで助手席側の窓硝子を割ってハンドバッグを奪い去ってしまった。

この国では、車の部品を盗まれることもよくある。自動車メーカーのロゴマークは、頻繁に盗まれる物の一つだ。その為、ロゴマークを盗難防止用のねじで固定している車が沢山ある。トヨタ、日産、ホンダ、三菱など日本車のロゴマークは最もよく狙われる。私の車はボルボだったので、あまり台数がない為かロゴマークを盗まれる可能性は少なかったので、ねじ固定をしなかった。それでも、私も車の部品の盗難にあった。

週末に家から車で1時間くらいのところにある、サンペドロビーチによく毬藻を連れて行った時期があった。毬藻は、海には入らないが、砂浜を駆け回るのが大好きだった。ある秋の日レイと私は、いつものように毬藻をサンペドロビーチに連れて行った。秋のサンペドロビーチは、人気が殆どなく閑散としている。私は、夏の間賑わっていた屋台の前に車を停めて、私達は浜辺の散歩に向かった。30分程して車に戻ってみると、車

の警報灯が点滅しており、左後ろの窓が壊され、左後ろのタイヤが裂かれていた。賊が、左後ろの壊された窓から車の中に入り、車の中を物色した形跡があり、ラジオを盗もうとしたのか、ダッシュボードのパネルが剥がされており、運転手側と助手席側の窓を上げ下げする操作パネルも剥がされていた。更に床マット4枚も盗まれた。リマのボルボ

サンペドロ・ビーチを走り回る毬藻

ディーラーで修理したがUS＄6,000以上の損害だった。この事件があってからサンペドロビーチには行かなくなった。

　その代わりに、週末は、アメリカ大使館の運動場に行くようになった。リマのアメリカ大使館の敷地内には、バレーボールコート、テニスコートの他（アメリカン）フットボールフィールドがあり、その周りは陸上トラックになっている。なにか催し物がある時以外は空いているので、毬藻も思い切って駆け回ることができた。

　リマの交通渋滞もマニラに勝るとも劣らない程だ。交通渋滞

もさることながら、ここは、車の交通事故が多い。アメリカ大使館の治安管理部によると、大使館の従業員とその家族は、週一度か二度の頻度で事故を起こすか、事故に巻き込まれるという。私は、幸い４年間無事故だったが、これは、全く稀なことだそうだ。私の家から１キロぐらい離れたところに大きなロータリーがある。５本の道が流れ入るロータリーで、いつも渋滞している。大使館の私の仲間達は、このロータリーを「死のロータリー」と呼んでいた。私の友達の一人は、このロータリーに入ったら出られなくなり５～６度ロータリーをぐるぐる廻った末、アメリカ大使館の治安部に来てもらって、ようやくロータリーから出ることができたそうだ。嘘みたいな話だが、本当だ。このロータリーは、私の出勤路なのだが、私は、このロータリーを避ける為、あえて遠回りをして出勤していた。

　南アメリカのABC国（アルゼンチン、ブラジル、コロンビア）は美女が多い国として知られているが、ペルーは料理が美味しい国として知られている。私は殊にペルーの魚介類料理が好きだ。魚介類のパエリヤ「アロス・コン・マリスコス」、白身魚やタコやエビ等を紫玉ねぎと一緒にライム・ジュースと香辛料でマリネした「セビチェ」、タコの足のグリル「プルポ・ア・ラ・パリジャ」、日本の刺身からヒントを得て作られたという「ティラデトス」等。ペルーには飲料もペルー独特のものがあ

る。「インカ・コーラ」は名の通りコーラではあるのだが、色は黄色で黄色い炭酸水にバブルガムの風味をつけたようなもの。「チチャモラダ」は紫トウモロコシを他の果物と煮込んで砂糖を加えた飲み物。そして葡萄から作られた蒸留酒ピスコを使ったカクテル「ピスコ・サワー」。ピスコに関しては、ペルー人はペルーが元祖であると言い、チリ人はチリが元祖であると言い、お互いに譲らない。

苦い経験

　レイと私は、朝コーヒーを飲まない。コーヒーの代わりにオレンジジュースを飲むのだが、リマに来たばかりの頃、ペルーの大手のスーパーマーケットWONGにオレンジジュースを買いに行ったところ、いつも飲み慣れている100パーセントのオレンジジュースが見つからなかった。ファンタとかオレンジ・ドリンクはあるのだが。そこで私がペルー人の友達にペルー人は、オレンジジュースを飲まないのかと聞くと、友達は、ペルー人はオレンジジュースが大好きで、ジュースは自分でオレンジを絞って毎朝飲むと答えた。という訳でそれ以来、私も果物市場に行ってジュース用のオレンジを箱ごと買って、毎朝ジューサーでオレンジを絞る生活が始まった。

私は、ペルー滞在中に二度程かなり酷い下痢をしたことがある。一度目は、私が、管轄している国の一つ、エクアドルに行った時のことである。私がエクアドルの首都キトに着いたのは、月曜日の夕方だった。火曜日、水曜日と仕事をして、木曜日にはリマに戻る予定だった。ところが、水曜日からラファエル・コレア（当時のエクアドル大統領）政権打倒を目的とするクーデターが起き、木曜日には空港が封鎖されてしまった。リマに帰れなくなった私は、その後、空港封鎖が解除された日曜日までキトに留まることになってしまった。日曜日の午前中空港封鎖が解除されると知った私は、迂闊にもお昼をホテルの近くにあるショッピングモールのお寿司屋さんでお寿司を食べることにした。（キトは、内陸地にある為寿司のネタは、全て空輸か陸搬送されて来るが、クーデターの為空路も陸路も数日間閉ざされている状態だった）お寿司を食べて１時間もしない内に、腹痛と下痢が始まり、下痢止めを飲んでやっとの思いでリマに帰り、そのまま近くの診療所に行って点滴をしてもらい、抗生物質を飲んでやっとお腹の調子が元に戻った。

　二度目は、私がレイと私の兄と従姉妹の下玉貴さん（通称玉ちゃん）とその旦那さんの繁夫さんと一緒に、あの有名な15世紀のインカ帝国の遺跡であるマチュピチュに行った時に起こった。マチュピチュ観光を終えてリマに帰る前日、かつてインカ

帝国の首都であったクスコ市のマリオット・ホテルで1泊したのだが、夕食の時、私はフローズンレモネードを飲んだ。フローズンレモネードは、カキ氷にレモンシロップをかけたような飲み物で、私の大好物の飲み物だ。マリオット・ホテルのような、定評のあるホテルが使っている氷なら大丈夫だと過信したのが間違いだったようで、私は、食事

兄、レイ、従姉夫婦とマチュピチュで記念撮影

の後部屋に戻ると、直ぐ嘔吐と下痢が始まり、その後明け方まで、嘔吐と下痢を繰り返した。午前3時ごろ、ホテルからの連絡で医者が来たのだが、クスコ市（標高3,400メートル）という土地柄、医者は高山病と診断し、私は酸素マスクを付けられたが、症状は一向に良くならなかった為、明け方近く、近くの診療所に搬送された。そこで、点滴をし抗生物質を与えられ症状はやっと改善に向かい、その日の午後のリマ行き飛行機に乗ることができた。

ペルーにはマチュピチュの他にも沢山の遺跡がある。私はペルーに滞在中色々な遺跡を見に行ったが、私が最も好んだ遺跡は、ペルー北部の町チャチャポヤスの近くにあるクエラップの遺跡である。これは西暦500年から800年頃に作られた城壁に囲まれた都市で「北のマチュピチュ」とも言われている。しかしマチュピチュと違いクエラップは知名度が低い為か観光客の数も遥かに少ない。あまり商業化されていないのも私がクエラップを好む理由の一つだが、クエラップの遺跡があるウトゥクバンバ川流域には断崖に張り付くように建てられたカラヒアの巨大な棺やレバッシュの空中古墳やインカ時代の人のミイラも保管してあるレイメバンバ博物館など見るところが沢山あるからだ。

　私はペルー滞在の最後の年、アメリカ大使館の二人の同僚と共にクエラップの遺跡見学に出かけた。私達はリマからペルー北部のジャングルの中にある町として知られているタラポトまで飛行機で行き、タラポトで地元のツアーガイドを雇ってこの旅行会社のマイクロバンでクエラップ遺跡見学の旅に出発した。車が舗装していない泥の山道を走り始めて数時間が経過したところで、私達の車は交通渋滞に巻き込まれた。私達の前には十数台のトラックや乗用車が全く動かない状態で止まっていた。私は運転手と共に車から降りて様子を見に行くと渋滞の先頭の車の前に３〜４個の大きな岩が道を塞いでいるのが見えた。崖

土砂崩れ撤去作業をして
いる間に道端にできた簡
易屋台

崩れだ。これはよく起こることなのだろうか。誰もロードサービスなどを呼ぶ気配はなく、数人の男達が重たい岩を押し転がして車1台が通り抜けられるスペースを作った。

　どのぐらい時間が立ったのだろうか、気が付いてみると道端には簡易屋台が幾つもできており、「アンティクーチョ」と呼ばれる牛の心臓の串焼きとか乾パンやペットボトルに詰められた飲料水等を売っている。ツアーガイドは「ペルー人は商魂たくましいので機会があれば直ぐこういった屋台を出す」と言った。そう言われれば、ペルーでは信号待ちしている車の前でアクロバットをしたり、窓拭きをしたりして小銭を稼ごうとする人達が至るところで見られた。
　2014年2月、レイと私は、ペルー南部の町プーノにカンデ

ラリア祭を見るべく訪れた。カンデラリア祭はユネスコの無形文化遺産に登録されており、インカ時代の楽器を奏でるバンドや華やかな民族衣装を着たダンサー達がペルー各地や隣国ボリビアから6万人以上集まりプーノの町を練り歩く。カンデラリア祭を見た後、私達はプーノに隣接する世界最高地（標高3,812メートル）にあるチチカカ湖を訪れた。ここでは葦で作られた40程の浮島で生活するウル族の文化に触れることができる。

日系ペルー人

　ペルーは、南米の国の中で、ブラジルに次いで日本人移民が多い。私は、職場で知り合った日系移民3世のフローラ室井さんと友達になった。フローラの家族は、旦那さんのホルヘさんと3人の息子（ココ、ニト、ディエゴ）と若いゴールデンレトリバーの雄のリンゴーである。室井さん（フローラとホルヘ）の先祖は、福島県の出身である。日本人移民は、日本人会を形成しており、その下に各県人会がある。一番大きな県人会は、なんといっても沖縄県人会で、独自の集会所やスポーツセンターのようなものまで持っている。福島県人会は、かつてはかなり大きいものだったそうだが、今は、メンバーの高齢化が進み、その数も少なくなってきている。私は埼玉県の出身だが、

ペルー福島県人会婦人
部の月例昼食

　埼玉県からの移民はあまりいなかったようで、埼玉県人会はな
い。そこで、私はフローラに誘われて福島県人会の行事に参加
するようになっていた。特に、福島県人会の婦人部は、毎月第
３週目の土曜日に色々なレストランで昼食会をする。日系２世
とか３世になるメンバーは、日本語を殆ど話さない。そこで、
昼食会は私にとって生のスペイン語に触れる格好の場だった。
　ペルー人の食事時間は、スペインやイタリアなどと同じだ。
朝食は、まあまあ私達と同じくらいの時間に食べるのだが、昼
食は２時以降が普通、夕食は９時以降だ。
　ペルーに滞在中、室井さんの二人の息子さんの結婚式に招待
された。結婚式は、通常夕方教会で行われる。式の後は、会場
を移して大きなレセプションが行われる。自宅の裏庭にテントを

明け方４時まで続いた
室井さんの長男の結婚
式披露宴

張ってプロのパーティー・オーガナイザーの企画の下に行われる
レセプションも多い。室井さんの次男の結婚式の時は、数百人
の招待客があったので、リマのジョッキークラブの広大な敷地に
巨大なテントを張って行われた。レセプションは、夜９時頃から
始まって明け方まで続くのが通常だ。最後は、「hora loca（crazy
time）」と言われ、皆狂ったように踊りまくる。

引っ越し

　カマチョ地区に住んで３年余り経った時、私はまたまた引っ
越すこととなった。カマチョ地区は、インターナショナルス
クールが近いことなどで、以前からアメリカ大使館の職員の家

族が好んで住んでいたのだが、なんでもこの数年の間に治安が悪化し、アメリカ大使館も新しく来た職員には、カマチョ地区に住むことを避けるようにと警告していた。私の場合は、歴代の農務参事官が借りていた家ということでそこに住むことになったのだが、3年過ぎたある日、ちょっとした事件が起こり、このカマチョにある家からラモリーナ地区にある築1年の家に引っ越すこととなった。事件というのは、カマチョの家の裏側にある家に住む男が、私の家の裏庭に生えている木の葉っぱが自分の家のプールに落ちて困るので、問題の木を切ってほしいと私の家の庭師であるフェルナンド（仮名）に言ったことから始まった。フェルナンドは、メイドのイザベルにはそのことを告げたものの、他の誰にも言わず、裏の家に行き、裏の家の物置の屋根に登り、そこから私の家の木で塀から出ている部分を切り取った。そしてその作業をしている時、裏の家が治安の為に取り付けた防犯用のワイヤーを切ってしまったというのだ。裏の家の男は、それに腹を立て、私を訴えてやると、怒りのメールを私のオフィスに送ってきた。事の成り行きを知らなかった私は、男のメールに即答しないでいたところ、男は私が仕事に行って留守の間に家の表玄関の前までやって来て、大声で悪態をついた。その時、家の中にいたメイドのイザベルは、とても怖い思いをしたそうだ。

　この事件以来、裏の男は、更に不可解な行動にでた。ある日

私が、1週間のエクアドルへの出張から帰って来ると、イザベル曰く、男は裏の家の物置の屋根に上り、イザベルに私の姿がこの2〜3日見えないが留守なのかと聞いたそうだ。つまり彼は、物置小屋の屋根から私の家を随時偵察していたことになる。ということで、私は、任期残り1年という時点でカマチョの家を引き払いラモリーナへ移ることになった。

　このラモリーナの家は、築1年。崖に沿って建てられている4階建てで、エレベーターはなく、各階は無数の階段でつながっている。4階は車庫。外の階段を降りると3階の玄関、3階には、マスターベッドルームと寝室二つと浴室二つトイレ3つ、2階は、キッチン、ダイニングルーム、居間。長さ10メートル程のプールも2階にあり、プールサイドの壁にはバーベキュー用のグリルが備わっている。なんでも、IBMに勤める大家さんが家を建てて1年もしない時にメキシコへの転勤が決まったそうで、高額の家賃を払うことで知られているアメリカ大使館に貸し出すことにしたそうだ。

エクアドルアメリカ大使館内でのアメリカ農務省とアメリカ国際開発庁との対立

　私が属するアメリカ農務省海外農業局の任務は、アメリカの農産物生産者の為にアメリカの農産物、食品、飲料、木材の輸出促進をすることにある。皮肉にもこの使命が時として同じアメリカ政府の別のエイジェンシーの使命と全く相反することがある。私がエクアドルを担当している当時、さほど多くない米国の対エクアドルへの農産物輸出の目玉となるのは飼料用コーンであった。私達は、コーン輸出の競合国であるアルゼンチンのコーン価格やコーン輸出政策の監視をするとともに、エクアドルの養鶏協会等を通じてアメリカ飼料コーンの販売促進活動を積極的に行っていた。そんな状況の中、ある日私がエクアドルの首都キトにあるアメリカ大使館で昼食を取っていた時、同じアメリカ政府の一環であるUSAID（アメリカ国際開発援助部）が、数億ドルをつぎ込んで、エクアドルの農家に飼料用トウモロコシの生産援助をするという話が飛び込んできた。私は直ちにUSAIDのトップに抗議した。しかし彼は、このプロジェクトは既に始まっているので後に引けないという。そこで私は、DCM（Deputy Chief of Mission、大使館でナンバー・ツーの役職）に事情を説明しUSAIDのプロジェクト中止を求めた。アメリカの輸出農産物以外の作物の生産援助をするのは問題ないが、

どうしてアメリカの目玉輸出穀物の生産援助をするのか私には分からない。

　最終的には、プロジェクトの規模縮小ということで合意せざるを得なかった。

　ところで、エクアドルはその名の通り赤道直下の国である（赤道は英語でequator、スペイン語ではecuatorial）。赤道直下というと暑い熱帯気候のイメージがあるが、首都のキトは標高が高い為か（2,850メートル）1年を通して涼しい。キトの郊外に「Inti Nan Museum」と呼ばれる赤道博物館がありそこに行くと、赤道直下ならではの面白い体験をすることができる。地面に赤道に沿って線を引いてあるのだがその線の上を目を閉じて歩こうとするとまっ直ぐには歩けない。南半球と北半球では渦

エクアドルの赤道博物館。
赤道直下では渦巻きは出
来ない

赤道直下に引かれた線の上を、目をつぶってまっすぐに歩くことは難しい

巻きの巻き方が反対であり（北半球では右回り、南半球では左回り）赤道直下では渦巻きはできないという実験とかができて面白い。エクアドル最大の都市であるグアヤキルは、太平洋に面した湾岸都市で、アメリカ領事館があることもあり私も何度も出張で訪れた。キトとは異なり高山病の心配をしなくてもよいグアヤキルを私は好きである。またグアヤキルは、ガラパゴス諸島への玄関口である。ガラパゴス諸島へは是非行ってみたいと思ったのだが生憎その機会は訪れなかった。

ボリビアへの視察旅行で経験したこと

　私がボリビアを管轄していた頃は、社会主義者のエボ・モラレスが大統領で、アメリカとの農産物貿易は微々たるもので

あった。自ずと、私のボリビアへの出張は、数か月に一度程度であった。国を挙げて春に行われる農業博覧会への参加や、農業開発プロジェクトの視察等が主な目的だった。因みに、ボリビア第2の都市であるサンタクルーズから車で北に2時間程のところにはオキナワという町があり、主に沖縄からボリビアに移民した人達が暮らしている。私は、このオキナワを訪ねてみたいと思っていたのだが、生憎そのチャンスは訪れなかった。

　ある時、私は現地雇いのスタッフと一緒にUSAIDのリードで行われた農業開発プロジェクトの視察旅行に出かけた。ボリビアの首都ラパースから飛行機で2時間、私達は、トリニダード市の小さな飛行場に降り立った（因みにラパースから13キロ程西に位置するエル・アルト国際空港は標高4,061.5メートルで、世界一標高の高い飛行場として知られており空港内には高山病になった乗客の為に酸素ボンベが用意してある）。トリニダード空港の外に出てタクシーを探そうとしたが、所謂「自動車」は見当たらない。ここのタクシーは、全てオートバイなのだ。オートバイ・タクシーの運ちゃんは、私のスーツケースをオートバイのガソリンタンクの上に乗せ、汗臭いヘルメットを差し出して、それをかぶるように言った。オートバイ・タクシーで走って十数分、私達は町外れにある小さなホテルに着いた。このホテルの宿泊代は、1泊US$5程であった。安いだけあってシャワー

は冷水。翌朝私達は、USAIDのローカル・プロジェクト・パートナーと共に、農業開発プロジェクトの視察に出かけた。確か
ロレトという村だったと記憶しているのだが、私達が小さな村
の集会所に行くと、そこには、既に十数人の村人達が集まっ
ていた。私達が、USAIDのプロジェクトがどのように村人達
の生活を変えたかと聞くと、村人が一人一人立ち上がり、自分
達の生活がいかに豊かになったか、殊に村の学校にコンピュー
ターを買うことができたので、子供達は世界とつながることが
できるようになった。これも全て、モレラス大統領のお蔭です
と、モレラス大統領を褒め称えた。えー、ちょっと待って。こ
のプロジェクトとモレラス大統領とは、全く関係ない。社会
主義者であるモレラス大統領はアメリカを嫌い、2013年には、
USAIDをスパイ活動を行うグループであるとして、ボリビア
から追放した程である。

　私は、今まで色々な国のタクシーに乗ったが、農業博覧会の
帰りにボリビアのサンタクルーズで乗ったタクシーには度肝を
抜かれた。ボリビアで走っている多くのタクシーやバスは、日
本で使われていた物のおさがりだ。因みに、アフリカや東南ア
ジアの開発途上国でも日本のお下がりのタクシーやバスをよく
見た。ボリビアでは、車はアメリカと同じ右側通行左ハンドル
である。そこで、多くの日本からのお下がりの車は、右ハンド

ルを左ハンドルに変える修理をするのだが、私が乗ったこのタクシーは、ハンドルのみ左に移しただけで、スピードメーター、燃料タンクメーター等、全ての計器は右に置かれたままだった。しかもタクシーは、相乗りが基本である為、私は右側の本来日本であるならば運転席に座ったのだが、ハンドルのないダッシュボードを見て走るタクシーは、なんとも異様な光景だった。

　2014年5月、私はペルーを引き揚げワシントンの農務省本省へ戻って来た。ここで、12月31日に退職するまでの6か月間、農業政策部に籍を置いた。

第 5 章

ヨーロッパへの自転車旅行

　私の同僚は、退職後天下りする者が数多くいる。しかし、私はこの歳になって、また仕事をする気にはならなかった。残り少ない人生を自分がやりたいことをして過ごしたいと思ったからだ。そこで、やりたいことはなんだろうと考えていると、農務省で同僚だったリンダ・ハベンストレイトからチェコ共和国へ自転車旅行に一緒に行く人を探しているというメールが届いた。リンダは、私とほぼ同期に農務省に入り、本省の広報部で編集者として働いていたのだが、私より２年程早くリタイアしてトレーナーの資格を取得し、フィットネスジムで働いていた。うーん、自転車旅行面白そうだな。私は、早速リンダにメールをしてチェコ共和国への自転車旅行に参加することにした。この自転車旅行は、VBT（Vermont Bicycle Tours）という

サイクリングやハイキングを専門とする旅行会社が企画しているもので、チェコ共和国の他にもアメリカ国内や海外（主にヨーロッパ）に多数の自転車ツアーがある。ツアー期間は、通常10日間。20名程の参加者はアメリカ国内の様々な州からやって来る。自転車は、自分のものを持参することもできるのだが殆どの参加者は、VBTが用意しているレンタル自転車を使う。VBTの自転車は、全て（台湾製の）FUJI自転車で、クロスバイク、ロードバイクと電動自転車があり、様々なサイズを取り揃えている。このグループに通常英語が話せる現地のツアーガイドが二人つく。このツアーガイド達ももちろんサイクリストで、一人がグループの最後尾につき、落ちこぼれの者がいないか確認しながら走り、もう一人は、VBTのサポートバンを運転し、途中の休憩所でスナックや飲み物を提供する。

VBTのサポートバン

リンダと私は、2015年の５月末にアメリカバージニア州の
ダレス国際空港から一路チェコ共和国の首都プラハに向かった。
プラハで、他の参加者と合流し、翌日プラハからチェスキー
クルムロフ（Cesky Krumlov）へ移動し、そこから自転車旅行
を開始した。この旅は、チェコ共和国の自転車旅行といった
が、実際は、自転車で、チェコ共和国からドイツに入り、更に
ドイツからオーストリアを走って最後は、オーストリアのデュ
ルンシュタイン（Durnstein）から首都ウイーンまでVBTのバ
ンで移動した。リンダと私は、折角なのでウイーンに２泊して
ウィーン観光を楽しんだ後、アメリカに帰った。

　自転車旅行の楽しみを知った私は、翌年には、バンコゲー
ム（サイコロを転がすゲーム）の友達であるキャシーとカレン
を誘って、リンダも含めて４人で、今度はドイツ、オーストリ
ア、スイスを走る旅への参加を決めた。出発の２か月前、６月
に予定しているドイツ、オーストリア、スイスへの10日間の
自転車旅行の準備の為、バージニアの自宅近辺の田舎道で自転
車を乗り回していたところ、２匹のシェパードに襲われ、その
うちの１匹が私の右の太股に噛み付き全治６週間の大怪我をし
た。という訳で、６月に自転車旅行の出発地であるドイツの
ミュンヘンにやって来た時には、太股の傷がまだ痛々しい状態
であった。今回、私達は自転車旅行が始まる２日前にミュン

オーストリア・ブレゲ
ンツァーヴァルトの農
家で出された昼食の
「マカロニ＆チーズ」

ヘンに入り、ミュンヘン観光を楽しんだ。３日目は前回と同
じように、グループはミュンヘンからマイクロバスで、フッ
セン（Fussen）に移動し、自転車旅行を開始した。フッセン
（Fussen）からフォルクゲン湖（Forggensee）を１周し、翌日に
は、またもやマイクロバスで、ローテンバッハ（Rothenbach）
まで移動、ローテンバッハ（Rothenbach）からは、自転車でコ
ンスタンス湖（Constance）の湖畔にあるリンダウ（Lindau）ま
で走る。残りの日々は、コンスタンス湖の周りや、オーストリ
アのショッペマウ村（Schoppemau）まで足を延ばして、最終
日には、スイスのザンクト・ガレン（St.Gallen）からコンスタ
ンス湖の西の端に位置するコンスタンス市まで走った。翌日私
達は、スイスのチューリッヒからアメリカへ帰った。

難易度が高いスペインと
スロベニア自転車旅行に挑戦

　前回二度のツアーは、いずれも難易度が「易しい」として
あったので、次回は、もう少し難易度が高いツアーに行きたい
と考えた。しかし、前回一緒に行った友達は皆、難易度が高い
ツアーには参加したくないと言った。そこで頭に浮かんだのが、
ダーナ・リー。ダーナは、中国系アメリカ人で、私がメリーラ
ンド大学の農業経済学部の大学院生だった時、アメリカ農務省
の農業経済研究室でアルバイトをしていた頃に知り合った友達
だ。当時、彼女はカリフォルニア大学デイヴィス校の大学院生
であった。彼女は運動神経が発達していて、小柄の体には贅肉
は全くなく筋肉もりもりである。ダーナは、カリフォルニア大

旅の途中ドイツで見たスト
リート・ピアニスト

学で農業経済学の博士号を取った後、フロリダ州立大学で教鞭
をとり、今はハワイ大学関連の研究所で働いている。ダーナに
メールでスペインのアンダルシア、コルドバ、グラナダへ自
転車旅行に行かないかと誘ったら、直ぐ、「行きたい」という
返事が来た。2017年5月、私はロンドン、マドリッド経由で、
スペインのセルビアに向かった。ダーナは、ハワイからアメリ
カ大陸を飛び越えてヨーロッパに入るので私より1日遅れでセ
ルビアに着いた。今回も、実際の自転車旅行は、セルビアか
ら少し離れたパルマ・デル・リオ（Palma del Rio）から始まっ
た。そこからコルドバへ向かったのだが、難易度が、「中」だ
けあって坂が多い。シエラ・モレナ山脈（Sierra Morena）の裾
野を走っているからだ。

スペインのシエラ・モレナ
山脈の裾野を走った所で一
休憩

スペインのスヘロス近くの
田舎道で羊の群れに行く手
を阻まれたダーナ

　コルドバからバンでエスペホ（Espejo）へ、エスペホから自
転車でスヘロス（Zuheros）まで走る。オリーブ畑が連なる丘
陵地帯を走り回って、8日目に最終目的地のグラナダ近くのシ
エラ・ネバダ山脈地帯（Sierra Nevada）を走り、グラナダ市に
入った。ここで、自転車旅行は終了。残りの日々は、かの有名
なアルハンブラ宮殿（スペインにおける最後のイスラム政権ナス
ル朝の王宮）の観光等をした。天候も良く、「坂馬鹿ぎみ」の
私にとっては最高のコースで、大変満足のいくツアーであっ
た。ダーナもこれは、ただ観光するだけのツアーと異なり、エ
クササイズもできるので一石二鳥だと喜び、翌年もまたVBT
ツアーに参加したい、と言った。

　2018年、ダーナと私は、スロベニア、オーストリア、イタ

リアの自転車旅行を選んだ。今回は、カリフォルニア州に住む
ダーナの姉ダイアン（仮名）と彼女の夫のジョージ（仮名）も
参加することになった。期日は、ダイアンの仕事の都合で10
月中旬になった。冬場のバージニア州（当時私が住んでいた場
所）は天候が悪く、サイクリングには適さない。私は、足腰を
鍛える為にこの年の冬は、ジョギングと家にある固定自転車に
乗ってトレーニングをした。しかし、その間、なんとなく右の
股関節から腰にかけて痛みを感じることがあった。春は、サイ
クリングにとっておきの気候。私は、友達のキャシーと一緒に、
ペンシルベニア州のピッツバーグから首都ワシントンまで続く
サイクリングコースの一部を走る、２泊３日の自転車旅行に参
加することにした。

　初日の朝、右股関節の痛みが出ることを恐れて、痛み止めを
飲み出発した。１日目は、どうやら乗り越えることができたの
だが、２日目になって、10マイル（16キロ）も走らないうちに、
耐えられない程の激痛に襲われ、残りのツアーは、サポートバ
ンの中で過ごすことになってしまった。バージニアに戻って直
ぐ、接骨医院でレントゲンを撮ったところ、右股関節の軟骨が
完全に擦り減ってしまった状態だった。そこで、股関節置換手
術を６月18日に行った。しかし、問題は10月半ばに予定して
いるヨーロッパへの自転車旅行に行けるだろうかということ
だった。私は、４か月間、必死にリハビリに励んで、旅行の１

か月前には、ドクターのオーケーを貰うまでに快復した。しかし、もしものことを考えて、レンタル自転車を、クロスバイクから電動自転車に変更した。

　2018年10月、私は一人ワシントンからスロベニアの首都リュブリャナ（Ljubuljana）に降り立った。リュブリャナでダーナ、ダイアン、ジョージと合流。翌日、今回の自転車旅行の出発点であるイタリアのタルビシオ（Tarvisio）に移動、そこから、イタリア、スロベニア、オーストリアの間を出たり入ったりしながら美しいアルプスの山間を走行した。ここで、一言ホテルについて言及したい。VBTツアーのホテルは、通常、小さいけれど清潔な３つ星か４つ星のホテルである。しかし、今回のツアーの８日目に泊まったホテルには度肝を抜かれた。それは、オーストリアの高級避暑地であるヴェルター湖（Worthersee）の湖畔にある５つ星ホテルFalkensteiner Schlosshotelで、本物の城をホテルに改築したものだ。全部屋がスイートルームで、私とダーナがシェアした部屋も寝室が二つ、トイレも二つに居間もあった。浴室の床や壁は大理石で、大きな浴槽とシャワー室があった。因みにこのホテルのレストランは、ミシュランの星付きである。今回の自転車旅行は、モーツァルトの生誕地であるオーストリアのサルスバーグで終了する。その後ダーナが、ウィーン観光をしたいというので、ダーナと私は、サルスバーグから

電車でウィーンまで行き2日間のウィーン観光を楽しんだ。

日本での自転車旅行—672.4キロを完走

　これまで、過去4回のVBTツアーは、いずれも友達を誘ってのものだった。本来なら、夫のレイと行きたいのだが、レイは、団体行動が嫌いであることと、ヨーロッパは、何度も行っているので興味がないという理由で私に同行しなかった。しかし、ある時、日本での自転車旅行なら行っても良いと言ったので、2019年はVBT自転車旅行の代わりに、日本で10日間、500マイル（800キロ）を目指しての自転車旅行をすることにした。因みにVBTは、2021年時点では、日本に進出していない。この旅は、VBTのような旅行会社を通していないので、全て自分達で計画しなければならない。幸い私の従姉妹の玉ちゃんが本川越駅近くでやっている自転車屋「サイクリングセンターしも」でクロスバイクを2台貸し出してくれることになった。レイは、高校生の時長距離ツーリングをしたが、以後殆どサイクリングはしていなかった。そこで、私達は、2019年の8月から9月26日の日本へ出発する直前まで猛特訓をした。炎天下の中、バージニアの山あり谷ありの田舎道を1日40マイル（64キロ）走るのである。

その年の10月1日、私達は、北陸新幹線を使い私達の自転車旅行の出発点である金沢駅に降り立った。金沢駅の直ぐ近くにあるANAクラウンプラザホテルで1泊した私達は、翌朝七尾に向けてペダルをこぎ始めた。七尾までは、約74キロ。1日80キロを予定していたので、容易に走れる距離であるのだが、自転車の荷台に取り付けた三つの荷物の重みで前の車輪が浮いてしまいそうな感覚に慣れるのに苦労した。この旅には、スーツケースを運んでくれるサポートバンはない。旅に必要な10日分の着替え、洗面用具、雨具等は全てサドルバッグに入れて自転車に括り付けた。

　午後3時を少しまわった頃七尾のルートインに到着。自転車ごと部屋に入った。その晩、レイは、翌日の目的地をネットで検索し、100キロ程離れた魚津まで行くことにした。日本語が読めない彼は、インターネットのサテライトの画像で道順を詳細に渡り調べて紙に書き込む。パイロットの要領である（パイロットであったレイは、フライトのある前の晩は、フライトルートとスケジュールを詳細にチェックしていた）。私は、宿泊所を調べて予約を入れる、というのが翌8日間の私達の日課となった。

　10月3日、魚津を目指す。午前中は日本海を臨む海岸線を走る。昼頃になってレストランを探したが、これといった大き

135

アメリカ人の友人を驚かす為に魚のお頭を食べるふりをするレイ

な町がないので、コンビニがところどころにあるだけでレストランが見つからない。すると、「漁師の奥さんの定食屋」という立て看板が漁港の入り口に見えてきた。早速自転車を停めて漁師の奥さんの定食屋に入る。レイと私は、魚定食に舌鼓を打った。因みに、お澄ましには、魚の兜が丸ごと入っていて、レイがおどけて魚の兜を口にくわえようとするしぐさを写真に撮った。彼は、アメリカに帰ってその写真を友達や親戚の者に見せて、彼等の驚く表情を見て楽しんでいた。

　午後は、台風18号の影響か、雨が降り出し、急遽雨具を着用。道路は、日本海を見下ろす崖沿いにあり、海岸沿いだけがオープンのトンネルを幾つもくぐった。それでも、日没前には魚津のルートインに到着できた。その晩、台風18号は温帯低気圧に変わったもののかなりの雨が降ることを予想して、翌日

は糸魚川止まりにすることにした。しかし、翌日になってみると雨はそれ程酷くないが、風が強い。幸いにも風は追い風。

　私達は、この強い追い風に乗って、かなりの速いスピードでスイスイ進んだ。糸魚川を越え、魚津から99.2キロ離れた上越市に到着した。因みに、糸魚川に予約した宿は、旅の途中でキャンセルし、急遽上越市のルートインに予約を入れた。翌日の目的地は長岡市。上越市から77.5キロ北上する。距離的には、過去2日に比べると短いが、途中かなりきつい坂が続いた。長岡市に入ると、直江兼続のお祭りだろうか、当時の装束に身を固めた人達が、長岡市の大通りを練り歩く姿が見られた。

　今回は、メッツ長岡ホテルにチェックイン。翌6日には、本州を横断すべく、進路を東にきる。当初の予定では、五泉市から福島県の会津若松を抜けて、太平洋側のいわき市に出るという、かなりきつい坂道がある203.5キロの道のりである。その日、私達は、長岡から58.8キロ離れた五泉市に宿（ガーデンホテルメリエール）をとった。この頃から、台風19号が日本列島に接近しており、関東地方を直撃する可能性が高いというニュースが入って来る。川越にいる兄が心配して、直ぐ川越に戻るようメールしてきた。そこで、私達は、時間節約の為、このツアーで一番の難所である本州横断を電車ですることにした。

翌7日、私達は、それぞれの自転車を自転車専用のキャリーバッグに入れ、五泉からいわきまでの電車に乗り込んだ（途中会津若松で乗り換え）。いわきでは、駅近くのホテルα1に宿を取り、翌朝、51.2キロ離れた高萩市に向かった。この日の宿は、セントラルホテル。ここまで来ると、台風19号の関東上陸は12日にほぼ確実というニュースが入って来た。兄は、私達が今いるところまで迎えに来てくれると言ってくれたのだが、最後までできる限り自分達の足で走り切りたいという思いで、自転車をこぎ続けた。高萩の次は、59.4キロ離れた水戸。今まで泊まった宿の全てが、自転車を部屋の中に入れることを許可してくれたのだが、大きなホテルである水戸のホテルウエストヒルズは、私達の自転車をセキュリティードアのあるガレージに収納してくれた。

　翌10日には水戸から89キロ離れた坂東を目指す。坂東の宿は、ホテルグリーンコア。翌11日は最終日。川越まであと62キロを残すのみ。その日は、朝から雨模様。大宮市を抜けて、川越との境である上王橋に来た時には雨脚がかなり強くなってきた。上王橋を渡って、一気に兄の家がある月吉町まで自転車を急がせた。私達は、台風19号の上陸寸前に、当初計画した距離より短かったが、672.4キロ（420.25マイル）の自転車旅行を無事終えることができた。ここで一言、自転車旅行中の私達

の食事は、専らコンビニと地元のスーパーで購入した。因みに、この台風19号がもたらした豪雨災害で、兄の経営する宮坂米菓の煎餅工場は、大きな痛手をおい、台風以前の生産量に戻るまで1年以上かかった。

　さて、日本への自転車旅行に気を良くしたレイは、2020年のVBT自転車旅行に参加することに同意した。数多いVBTのツアーの中から団体行動をしない南イタリアへのツアーを選び、10月26日の出発を予定した。しかし、このツアーは、コロナパンデミックの為、キャンセルされてしまった。

趣味を楽しみ満足のいく第二の人生

　農務省を退職後、やりたいと思っていたことの一つがピアノである。私が小学5年生の頃、老舗のお醤油屋さんの一人娘の幸子ちゃん（仮名）の家によく遊びに行ったのだが、彼女はピアノを習っていて、私が遊びに行く度に、ベートーヴェンの『乙女の祈り』やブルクミューラー作曲の『アラベスク』を弾いてくれた。その時、私も幸子ちゃんのようにピアノを弾けたらいいなーとただ漠然と思ったのだが、レッスンを受けるまでには至らなかった。

　その後、娘のステファニーには、是非ピアノを弾けるように

ステファニーのピアノ
レッスン

なってほしいという願いで、ステファニーが3歳の時に香港で、日本人の先生が教えるピアノ教室に通わせた。その後、私が日本に転勤になった時には、ステファニーを私の従兄弟の奥さんがやっているピアノ教室に通わせた。そして、折角なので、私もレッスンを受けることにした。しかし私は、その後また転勤。結局レッスンらしいレッスンを受けることなく、2014年の退職に至ってしまった。一方ステファニーには、転勤の先々で先生を探し、14歳になるまでレッスンを受けさせたのだが、私があまりにもしつこく練習しなさい練習しなさいと言い続けた為か、14歳になると、ピアノを弾くのはもう嫌だと、全く弾かなくなってしまった。という訳で、1996年にレイがステファニーの為にと買ってくれた、カワイのグランドピアノは、弾き手が

ないまま、バージニア州の家の「ピアノの部屋」に置かれていた。それが勿体ないというのも退職後に私がピアノを習い始めた理由の一つである。私のピアノの先生は、バージニア州ミネラル市のミネラル・バプチスト教会のピアニスト。ジャズからクラシックまで広範囲の曲を弾きこなす。私は、この年になって始めたピアノなので、あまり上達は期待できないが、それでも今は、モーツァルトの『トルコ行進曲』(ロンド)やベートーヴェンの『月光』(第一楽章のみ)の原曲を間違いは多いが、弾けるまでになった。

　サイクリングやピアノの他にもヨガや麻雀(アメリカ式麻雀は、日本式麻雀と異なり毎年アメリカの全国麻雀連盟が発行するアガリ形の組み合わせを記したカードに基づいてプレイヤーが定められた形に牌を揃えるというもの。牌の数も日本式の136枚に対してアメリカ式は152枚である。花牌8

ペインティング・パーティーの写真

枚とジョーカー（万能札）８枚があるからだ）等、セカンドライフを大いに楽しんでいる今日この頃である。

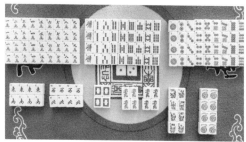

アメリカ麻雀はルールも牌も
日本の麻雀とは大きく異なる

チャリティー自転車イベント

ここまでの私の人生を振り返って見て、確かに、レールが敷かれたような予想通りの安定した人生を歩んできた友達を羨ましく思った時もあったが、今では、外圧に苛まれることもなく、自由奔放に生きて来られた自分は、本当にラッキーだと思う。農務省の先輩や同僚達の中には、定年退職する際、本当にやりがいのある満足な仕事人生だったという意味で、「I had a great ride.」と言って去っていく人がいるが、この時点までの私の人生は、「I have been having a fantastic ride.」と言える。

注：

宮坂隆二郎

　私の父、宮坂隆二郎は、大正7年1月2日に宮坂晴吉とたかの次男として生まれた。家業は、隆二郎の祖父、宇ノ助が始めた煎餅屋であったが、8人家族（祖父、祖母、父、母、兄、弟、妹）を養うのにギリギリだったようだ。そこで、隆二郎は、尋常小学校を出ると直ぐ、自転車屋に丁稚奉公に出された。向学心が人一倍強かった隆二郎は、自転車配達中に本を読んでいて電信柱にぶつかったという話が残っている。その後、隆二郎は、国立東北大学を受験した。筆記試験には見事合格したが、大学側は、隆二郎が、中等教育を受けていないことを理由に入学許可を下ろさなかった。そこで、隆二郎は、やむなく私立学校であった東京物理学校（現在の東京理科大）に入った。その時、一緒に入学したのは十数名だったが、卒業できたのは父を含めて2名だった。「僕は、二番で卒業したんだけど、びりだった」と言って笑っていた。東京物理学校を

人一倍努力家だった父

144

でた隆二郎は、共立女子大学で、数学の教授として教鞭をとった。その後、東京気象台に移って働いている時、兄・輝彦が、当時のはやり病であった結核にかかり死亡してしまった。次男である隆二郎は家に呼び戻され、お煎餅屋の商売を継ぐこととなった。

宮坂美枝子

　私の母、美枝子は、大正9年7月20日に、静岡県松野の望月家の8人兄弟姉妹の3女として生まれた。家は農家で、美枝子の祖父の時代にはかなり広い土地を所有していたのだが、父が友人の借金の連帯保証人になり、その友人が借金を返済できなかった為にかなりの土地を没収されたそうだ。美枝子は、掛川にあった女学校を卒業後、直ぐ下の妹・幸子と共に一番上の姉・はくえを頼って東京にでた。そこで、和文タイプライターのタイピストとして働いた。父、隆二郎とはお見合い結婚。

父を支え続け常におおらかだった母

著者紹介

パーディ恵美子

埼玉県川越市の老舗煎餅屋に生まれる。
埼玉県立川越女子高等学校卒業。
米国ボストン大学ジャーナリズム科学士号取得。
メリーランド大学農業経済学部大学院修士号取得後
米国農務省海外農業局入省。
1992年〜2014年外交官として香港、東京、大阪、
マニラ、リマの米国大使館・領事館に勤務。趣味は
サイクリング、ヨガ、ピアノ、麻雀。

JASRAC 出 2302406-301

WHAT A FANTASTIC RIDE！
せんべい屋さんの娘からアメリカの外交官になった私

2023 年 6 月 14 日　第 1 刷発行

著　者　　パーディ恵美子
発行人　　久保田貴幸

発行元　　株式会社 幻冬舎メディアコンサルティング
　　　　　〒151-0051　東京都渋谷区千駄ヶ谷4-9-7
　　　　　電話　03-5411-6440（編集）

発売元　　株式会社 幻冬舎
　　　　　〒151-0051　東京都渋谷区千駄ヶ谷4-9-7
　　　　　電話　03-5411-6222（営業）

印刷・製本　中央精版印刷株式会社
装　丁　　加藤綾羽